Susanne Kreuer

Auf der Suche nach dem Selbst

Identitätsfindung als lebenslange Aufgabe

Susanne Kreuer

AUF DER SUCHE NACH DEM SELBST

Identitätsfindung als lebenslange Aufgabe

ibidem-Verlag
Stuttgart

Bibliografische Information der Deutschen Nationalbibliothek
Die Deutsche Nationalbibliothek verzeichnet diese Publikation in der Deutschen Nationalbibliografie; detaillierte bibliografische Daten sind im Internet über http://dnb.d-nb.de abrufbar.

Bibliographic information published by the Deutsche Nationalbibliothek
Die Deutsche Nationalbibliothek lists this publication in the Deutsche Nationalbibliografie; detailed bibliographic data are available in the Internet at http://dnb.d-nb.de.

Autorenfoto: Petra Lang, PeLa Fotografie. Abdruck mit freundlicher Genehmigung

∞

Gedruckt auf alterungsbeständigem, säurefreien Papier
Printed on acid-free paper

ISBN-13: 978-3-8382-0395-9

Printed in Germany

Für

Stephan Conzen

Du vervollständigst mich!

Wie jede Blüte welkt und jede Jugend
Dem Alter weicht, blüht jede Lebensstufe,
Blüht jede Weisheit auch und jede Tugend
Zu ihrer Zeit und darf nicht ewig dauern.

Es muss das Herz bei jedem Lebensrufe
Bereit zum Abschied sein und Neubeginn,
Um sich in Tapferkeit und ohne Trauern
In andre, neue Bindungen zu geben.

Und jedem Anfang wohnt ein Zauber inne,
Der uns beschützt und der uns hilft, zu leben.

Wir sollen heiter Raum um Raum durchschreiten,
An keinem wie an einer Heimat hängen,
Der Weltgeist will nicht fesseln uns und engen,
Er will uns Stuf' um Stufe heben, weiten.

Kaum sind wir heimisch einem Lebenskreise
Und traulich eingewohnt, so droht Erschlaffen,
Nur wer bereit zum Aufbruch ist und Reise,
Mag lähmender Gewöhnung sich entraffen.

Es wird vielleicht auch noch die Todesstunde
Uns neuen Räumen jung entgegensenden,
Des Lebens Ruf an uns wird niemals enden...
Wohlan denn, Herz, nimm Abschied und gesunde!

(Hermann Hesse 1941)

Inhalt

Vorwort

„Nur der ist weise, der weiß, dass er es nicht ist.“ (Sokrates)

Die existenzielle Ungewissheit in unserem Leben lautet: *„Wer war ich in der Vergangenheit, wer bin ich heute, und wer möchte ich zukünftig sein?“* Das sind die Fragen nach unserem eigenen Ich – nach unserer Identität. Diese umfasst unsere persönliche Identität mit unseren Wünschen, Zielen und Überzeugungen. Außerdem verfügen wir alle über eine soziale Identität. Wir nehmen in unserem Leben Rollen ein, die wir vielfach innerhalb unserer Lebensspanne wechseln. Hierzu gehören z. B. die Rollen als Kind, Schüler, (Ehe-)Partner, Elternteil und Teil einer sozialen Gruppe (z. B. in einem Verein). Sowohl die innere (personale) Identität als auch die äußere (soziale) Identität sind gleichermaßen an der Entwicklung unseres Ichs beteiligt.

Das entscheidende Problem der menschlichen Persönlichkeitsentwicklung ist das Verhältnis von Wandel und Beständigkeit. Eine unserer schwierigsten Hauptaufgabe ist das Bewahren unserer individuellen Persönlichkeit innerhalb unserer Lebenspanne. Bleibt eine einmal erreichte Identität im Lebensverlauf relativ stabil? Oder muss sie vielmehr in einem permanenten Prozess neu erarbeitet werden? Dieses Buch wird aufzeigen, das Vieles für letztere Annahme spricht. Die Aufrechterhaltung von Kontinuität ist wesentliches Merkmal von Identität und kann eine ständige und krisenanfällige Lebensaufgabe sein, die uns ein hohes Ausmaß an Anstrengung und Integrationsarbeit abverlangt.

Aber was bedeutet der vielseitige Begriff „Identität“ überhaupt? Die alltägliche Verwendung des Wortgebrauchs Identität hat Konjunktur. Für viele Menschen scheint er an Bedeutung zu gewinnen. In Gesprächen, Zeitungen und Fernsehsendungen wird Identität immer wieder als Lebenskonzept, Selbstfindung oder Selbstverwirklichung thematisiert –

aber auch häufig mit den Schlagwörtern Selbstwertprobleme, narzisstische Störung und Selbstbewusstsein usw. gleichgesetzt. Eine allgemeingültige Definition als Orientierungshilfe bleibt aber aus. Ein Versuch könnte lauten: Identität bedeutet Sicherheit, Einzigartigkeit und Integrität, Mündigkeit sowie Originalität. Wer über Identität verfügt, dem wird eine innere Freiheit und Stabilität sowie Kraft, Natürlichkeit und Sinnerfüllung zugesprochen. Zusammenfassend symbolisiert der Begriff für uns einen erstrebenswerten Zustand, der ein Zusammenspiel aus Glück und Gesundheit zulässt.

Die Frage nach der menschlichen und „gesunden" Identitätsentwicklung wird seit hundert Jahren wissenschaftlich diskutiert. Abgeleitet vom spätlateinischen „identitas" lässt sich Identität als „Wesenseinheit" übersetzen. Zurückzuführen auf das lateinische Demonstrativpronomen „idem" (ebendasselbe) meint Identität die vollkommene Gleichheit, also deren Einheit oder Wesensgleichheit (Platta 1998). Unser menschliches Bewusstsein als Individuum (lateinisch: das „Unteilbare") geht aus den Erfahrungen mit sich selbst und aus sozialen sowie sächlichen Gegenständen hervor (James 1890).

Das Suchen und Finden unseres Selbst ist ein Prozess und kein einmal erworbener Zustand. Es gilt also weniger einen Endzustand zu erreichen, als eher eine Art Vermittlungsgeschehen zwischen den Dimensionen des eigenen Lebens und den verschiedenen Anteilen der eigenen Persönlichkeit zu leisten. Identität ist somit unsere ständige Aufgabe, Selbstgleichheit hinsichtlich unserer Anlagen, Interessen, Fähigkeiten und Lebensziele im Einklang mit unserer sozialen Umwelt (Familie, Freunde, Arbeitsumfeld usw.) herzustellen.

Jeder Identitätswunsch hat das Ziel Anerkennung von außen zu erlangen. Wenn wir etwas geschafft haben, dann wünschen wir uns eine Bestärkung von den Menschen, die uns umgeben. Zudem brauchen wir die innere Gewissheit, dass wir trotz sich verändernder Lebenssituationen ein und dieselbe Person bleiben. Das Gleichgewicht der äußeren Umstände und der inneren Überzeugungen – also der psychische Aspekt der Ganzheitlichkeit – ist entscheidend für das Erreichen des Gefühls eine Einheit zu sein. Sich selbst aber als ein und dieselbe Person über die Zeit wahrzunehmen erfordert eine anstrengende Entwicklung, die nur selten ohne Krisen verläuft. Besonders in der Jugendphase geht es darum zu lernen, Position zu beziehen und Meinungen, Muster und Ziele zu entwickeln. Ohne den Aufbau innerer Werte ist eine Orientierung in dieser Welt nicht möglich (Erikson 2002).

Über unsere Jugendzeit hinaus müssen wir ein ganzes Leben lang Entscheidungen treffen. Wir entscheiden, welchen beruflichen Weg wir einschlagen und verändern diesen auch, wenn es innere oder äußere Umstände erfordern. Auch treffen wir persönliche und lebensweltliche Entscheidungen, wie Heirat und Elternschaft, die unserem Leben eine Richtung oder einen Sinn geben sollen. Die Entstehung einer Weltanschauung und moralischer Überzeugungen und schließlich die Entstehung einer politischen Ideologie formt unsere Persönlichkeit entscheidend und bestimmt, *wer wir sind.*

Die Entwicklung unseres eigenen Ichs geht einen entscheidenden Schritt, indem wir aus dem oftmals engen und behüteten Kreis der Familie heraustreten und uns mit einer Gesellschaft konfrontiert sehen, die neue Anforderungen und Herausforderungen an uns stellt. Der Prozess der Identitätsbildung innerhalb dieser Zeit läuft nur dann problemlos ab, wenn wir die Identifikationsangebote der Familie und Freunde ohne selbstständige Meinungsbildung übernehmen. Hier bleiben Konflikte und Krisen aus. Menschen mit einer sog. *Übernommenen Identität* gehen klare innere Verpflichtungen in starker Anlehnung und Orientierung an die Auffassungen der Eltern ein. Ein Medizinstudium, weil die Eltern einen Arzt in der Familie haben wollen, oder das Übernehmen des elterlichen

Geschäfts geschieht unter Umständen widerstandslos unter dem Druck der Verwandtschaft (Whitbourne & Weinstock 1986).

Orientierungslosigkeit, Entscheidungsunfähigkeit, Desinteresse und keine innere Verpflichtung empfinden wir mit einer *Diffuser Identität.* Nur ein Krisenzustand – also die kritische Auseinandersetzung mit uns selbst und unserer Umwelt – kann hier zu Stabilität verhelfen. Der Kampf der Entscheidung zwischen verschiedenen Alternativen ist wichtig, wenn wir eine klare Linie finden wollen. Krisen sollten wir mit der nötigen Ernsthaftigkeit wahrnehmen, damit wir eine Chance bekommen uns selbst zu finden. Dies erfolgt über die kritische Reflexion des sozialen und insbesondere des elterlichen Einflusses. Im Zuge dieser Prüfung gelangen wir zu einem eigenen Standpunkt und erleben den Zustand der *Erarbeiteten Identität.* Ohne Krise ist dieser Weg nicht möglich. Zu welchem Zeitpunkt wir in unserem Leben, entweder durch äußere oder innere Umstände hierzu veranlasst werden, ist individuell – oder bleibt sogar aus. So kann eine Frau von sechzig Jahren, die zeit ihres Lebens eine *Übernommene Identität* war, durch den Tod ihres Mannes in eine schwere Krise geraten und plötzlich alles Gewesene hinterfragen. Ein junges Mädchen kann partnerschaftlich in einer *Erarbeiteten Identität* stehen, aber bedingt durch einen unsicheren Arbeitsplatz, in einer beruflich *Diffusen Identität.* Veränderungen der Identität können also nach diesem Ansatz in alle denkbaren Richtungen verlaufen (Marcia 1966).

Bei einer Studie wurde der Zusammenhang von Identitätszuständen und dem *Selbstwertgefühl* untersucht. Es zeigte sich, dass Menschen mit einer *Erarbeiteten Identität* ein stabileres Selbstwertgefühl haben, als Menschen mit *Übernommener* und *Diffuser Identität.* Die *Erarbeitete Identität* ermöglicht zudem ein höheres Niveau der moralischen Urteilsbildung und erwies sich als der stabilste Identitätszustand. Hingegen konnte festgestellt werden, dass *Übernommene Identitäten* eher zu Unterwürfigkeit und zur übermäßigen Orientierung an anderen Personen neigen (Marcia 1993).

Wie viel Bedeutung der Fragen nach dem eigenen *Ich* zukommt und warum es eigentlich Sinn macht sich mit der eigenen Identität oder derer anderer Menschen auseinander zusetzen, ist Gegenstand dieses Buches. Es geht um die uns alle betreffende grundlegende Frage nach dem Menschsein innerhalb unserer Lebensspanne.

1

Wie wir uns entwickeln

Oder: Warum werden wir in unserem Lernen gehemmt?

„Ich habe gemerkt, das Wunder, auf das ich solange gewartet habe, bin ich selbst." (S. Lagerlöf)

Als Menschen durchlaufen wir eine ständige und stetige Entwicklung. Von Geburt an bilden wir unsere Identität. Nur auf diese Weise können wir handlungsfähig auf kultureller, sozialer, religiöser, künstlerischer, technischer und moralischer Ebene werden. Unsere Entwicklungsarbeit besteht vor allem in der Lösung konkreter Probleme und Entwicklungsaufgaben. In unserem Leben durchlaufen wir also Krisen, die wir bewältigen müssen, um uns weiterzuentwickeln.

Unsere Gruppenidentität bilden wir durch soziale Erfahrungen innerhalb verschiedener Gruppen. Gleichzeitig bildet sich unsere persönliche Identität heraus. Dies geschieht durch Erfahrungen, die wir in unserer Entwicklung im Umgang mit anderen Personen, Dingen und Symbolen machen. In Lernprozessen werden diese Erfahrungen dann strukturiert und gespeichert. Unsere Familie, Freunde und andere Gruppen vermitteln uns kulturelle Inhalte. Wir lernen, wie wir uns zu kleiden und zu verhalten haben, um akzeptiert zu werden. Aber wir lernen auch, wie sich soziale Strafen z. B. Verachtung oder Ausgrenzung anfühlen, wenn wir uns entscheiden die Gruppennormen infrage zu stellen oder uns nicht daran halten. Die gelernten Gruppeninhalte übertragen wir auf unsere eigene Person und identifizieren uns mit ihnen (Kron 2001).

Beide Existenzweisen (die Gruppenidentität und die persönliche Identität) werden miteinander verglichen und aufeinander bezogen. In welchem Maße und in welcher Weise wir das tun, ist abhängig von unserem jeweiligen Entwicklungsstand, der Situation und der gesellschaftlichen und kulturellen Eingelassenheit. Ein extremes Beispiel ist die religiöse Unterwerfung oder Hörigkeit. In diesem Fall wird die persönliche Identität im Vergleich zur Gruppenidentität vernachlässigt und unterdrückt. Durch zu starke Konformität entsteht ein Ungleichgewicht und somit eine Identitätskrise. Andersherum kann durch das Fehlen eines kritischen Korrektivs die persönliche Identität überhandnehmen, sodass ein gesellschaftlich verantwortungsloser Narzissmus entsteht. Beide Fälle stören oder lähmen eine Identitätsentwicklung krisenhaft bis zum Stillstand. Die Krise muss jetzt bearbeitet werden. Unsere Aufgabe in diesem Bearbeitungsprozess ist die Wiederherstellung des Gleichgewichts von persönlicher und sozialer Identität. Um für das Erwachsenenalter gerüstet zu sein, müssen wir dies häufig schon in unserer Kindheit und Jugend durchleben, um einen Zuwachs unserer Persönlichkeitsreife zu erringen.

Aber auch das Erwachsenenalter ist nicht frei von Erschütterungen und Leidenswegen. Krisen sind im Leben eines jeden Menschen unausweichlich. Gerade diese schwierigen und scheinbar unüberwindbaren Situationen bestimmen unseren Sozialisations- und Entwicklungsprozess. Identitätskrisen weisen eine Richtung und begründen die Entwicklung des Menschen. Gerade der Krisenmoment kann über unsere weitere erfolgreiche oder misslingende Identitätsentwicklung entscheiden. Die Krise birgt die Chance zur Veränderung oder zur Einsicht. Damit hat sie ein unglaublich großes und nützliches Potenzial für den weiteren Verlauf unseres Lebens. Wir können reifen und wachsen und darüber hinaus lernen, soziale und persönliche Verantwortung zu übernehmen. An drei Prozessen können wir erkennen, dass wir in einer Identitätskrise stecken:

(1) Wir haben körperliche Beschwerden (*somatischer Prozess*).
(2) Wir haben psychische Auffälligkeiten (*Ich – Prozess*).
(3) Wir erleben es als belastend, dass sich unser Umfeld verändert (*Gesellschaftsprozess*).

Wird eine dieser drei Dimensionen gestört, so wirkt sich das auf die übrigen aus. Körperliche Störungen bei Kindern, wie z. B. bei Schulkindern, die unter Angstzuständen leiden, lassen auf Beziehungsprobleme mit anderen Mitschülern, Lehrern oder Familienmitgliedern schließen. Heftige Aggressionen oder starke Trotzreaktionen weisen auf ein Gefühl des Nicht-Angenommenseins hin. Hierbei wird die Identität immer angegriffen und infolgedessen erschüttert. Zur Bewältigung einer Identitätskrise brauchen wir fast immer die Unterstützung von anderen Menschen. In einer solchen Phase sollte uns von unserem vertrauten Umfeld so viel Mut zur Bewältigung und Entfaltung wie möglich zugesprochen werden. Abweisung, Unverständnis oder Schuldzuweisungen wirken sich sehr negativ und zusätzliche belastend auf uns aus und hemmen unsere Entwicklung erheblich. Im schlimmsten Fall können sie sie verschlimmern, sodass wir uns in einer Abwärtsspirale wieder finden, aus der es keinen Ausweg zu geben scheint. Überwinden wir die Krise aber und lernen dazu, gewinnen wir innere Festigkeit, Stärke und Stabilität. Hierzu benötigen wir jedoch einige Ressourcen, die wir im Laufe unseres Lebens erlernen müssen (Kron 2001).

Am Anfang steht das *Urvertrauen.* Dieses Gefühl ist eines der ersten und gleichzeitig wichtigsten Bestandteile der „gesunden“ Persönlichkeit. Der Säugling macht in seinem ersten Lebensjahr Erfahrungen, die seine Einstellung zu sich selbst und zu der Welt prägen. Schon in diesem Alter lernen wir – prägend für unser ganzes späteres Leben –, ob wir uns auf andere in dieser Welt verlassen können, oder nicht. Diese Erfahrung ist uns zwar nicht bewusst, beeinflusst aber maßgeblich unsere weitere

Entwicklung und unsere Persönlichkeit als Erwachsene. Eine Verletzung des Urvertrauens zeigt sich beim erwachsenen Menschen in einem ständigen Gefühl von Misstrauen, sowohl sich selbst, besonders aber anderen gegenüber. Sind wir so tief greifend verletzt, ziehen wir uns in uns selbst zurück und bleiben für andere scheinbar unerreichbar. Tiefe soziale Beziehungen brechen wir ab, bevor sie zu verletzend werden können. Manchen Menschen, die in ihrem Vertrauen erschüttert wurden, blocken Bindungen sofort ab und lehnen engen menschlichen Kontakt konsequent ab.

Die körperliche Trennung zwischen Säugling und Mutter ist ein einschneidendes und prägendes Erlebnis für beide. Das Überleben des Kindes ist abhängig von der Fürsorge und der Nahrungszufuhr der Mutter. Während das Kind seine Umwelt besonders über den Mund als *Einverleibung* erkundet, ist das Empfinden der Mutter in dieser Phase von vielen Faktoren abhängig. So ist die unbewusste Haltung gegenüber ihrem Kind, ihr subjektives Empfinden bezüglich der Schwangerschaft und der Geburt sowie die Reaktion und das Verhalten des Säuglings für ihren Umgang mit dem Kind entscheidend. Wie ein Kind zu behandeln ist, um eine optimale Entwicklung zu erreichen, ist in der Fachliteratur umstritten. Zudem existieren unterschiedliche kulturelle Handhabungen. Dennoch gibt es in allen Kulturen eine *Wechselbeziehung* zwischen Kind und Mutter bzw. sozialer Umwelt, wobei dieselbe bei einer konstanten Wärme in ihrer Begegnung entwicklungsfördernd für das Kind ist. Wenn das Kind nimmt, was ihm gegeben wird, und darüber hinaus lernt, die Mutter auch zum Geben zu veranlassen, dann ist die primäre Voraussetzung dafür geschaffen, dass es auch zukünftig ein Gebender wird, indem es sich mit der gebenden Mutter identifiziert. Ein Vertrauen entwickeln wir, indem wir als Kind unsere Zuversicht auf die soziale Welt übertragen und nicht enttäuscht werden.

Versagt die beschriebene Wechselseitigkeit zwischen Kind und Mutter entwickeln wir ein *Urmisstrauen* der Welt gegenüber. Das beiderseitige Entgegenkommen hat nicht funktioniert. Der Säugling versucht nun durch ziellose Aktivität zu erreichen, was er nicht bekommt. Es entsteht eine Störung in seinem Verhältnis zur Welt und zu bedeutsamen und geliebten Menschen. Als Säuglinge brauchen wir Wärme, Aufmerksamkeit und verbale wie nonverbale Konversation. Wir möchten in den Armen gehalten, gewärmt und angelächelt werden. Um Enttäuschungen, Trennungsängsten, dem Gefühl des Verlassenwerdens und dem dadurch entstehenden Misstrauen entgegenzuwirken, muss Vertrauen durch Wärme, Sicherheit und einer Konstanz im jungen Leben gefestigt und aufrechterhalten werden. Die Chancen für eine Überwindung späterer Krisen sind dann günstiger. Wir entwickelt und erhalten so ein Vertrauensgefühl in unsere Umwelt, in uns selbst und in unsere eigenen Fähigkeiten.

Zu vertrauen bedeutet aber nicht ausschließlich sich auf das „Versorgt – werden“ von seiner sozialen Umwelt zu verlassen, sondern auch sich selbst als ausreichend vertrauenswürdig zu betrachten. Dieses Selbstbewusstsein ist ein wichtiger Teil der erwachsenen Persönlichkeit. So ist es unsere Aufgabe als Erwachsene, dass wir beständige Muster entwickeln, die es uns ermöglichen, ein Übergewicht des *Urvertrauens* gegenüber dem *Urmisstrauen* aufrechtzuerhalten. Dies können wir nur erreichen, wenn wir als Säuglinge die entsprechende mütterliche Pflege und Liebe erfahren haben. Unsere Bindungsfähigkeit als Erwachsene findet hier ihren Ursprung (Erikson 1998).

Immer häufiger und stärker erfahren Kinder im Laufe ihres Lebens ein Vertrauen in ihre eigenen Fähigkeiten. Später entwickelt sich dieses Gefühl zu der Sicherheit und zu der Grundüberzeugung *„Ich bin absolut in Ordnung, so wie ich bin“*. Nur durch die gelingende Erfahrung, dass wir

Dinge bewirken und Umstände aus eigener Kraft verändern können, lernen wir autonom zu sein. Dies setzt einen Prozess des *Sich – Ablösens* voraus. Ein erstes Gefühl von Selbstständigkeit lernen wir durch die Bedeutung von *ich* und *du*, *mein* und *dein* sowie von *wollen* und *sollen*. Ohne die geschaffene Basis des Vertrauens in die Welt und unsere Fähigkeiten entstehen Krisen, da die Entwicklung schwer gehemmt ist. Ein Beispiel hierfür ist die Sauberkeitserziehung in vielen westlichen Ländern. Wir lernen sehr früh, dass wir fehlerlos, stets sauber und pünktlich sein müssen. Eine strikte Dressur zur Reinlichkeit kann aber schwere Krankheitssymptome bei uns auslösen. Wer lernt immer sauber, ordentlich, pünktlich und normkonform zu sein, um gesellschaftliche Anerkennung zu erlangen, bezahlt mit seiner seelischen Gesundheit. Wird uns aber schon im Kindesalter frühzeitig der strikte Wille anderer aufgezwungen, gerät unsere Beziehung zu den wichtigsten Bezugspersonen in eine schwere Krise. Durch das Ersticken des ersten autonomen Willens, erfahren wir das Gefühl der Machtlosigkeit bezüglich unseres eigenen Körpers und unserer Umwelt. Wir geraten aus dem Gleichgewicht. Schwer in unserer Entwicklung gehemmt, rebellieren wir mit Trotz und Feindseligkeit oder ziehen uns in uns selbst zurück. Erleben wir den Verlust der Selbstkontrolle durch übermäßiges Eingreifen der Eltern, erlernen wir ein dauerndes Gefühl von Selbstzweifel. Erlernen wir hingegen Selbstbeherrschung, ohne unser Selbstgefühl zu verlieren, erleben wir *Autonomie* und *Stolz*.

Voraussetzung für Selbstständigkeit ist das entwickelte und tief verwurzelte Gefühl von Vertrauen in sich selbst und in die nahe (soziale) Umwelt. Aufgabe der Eltern ist es, das Kind gegen eine sich entwickelnde Anarchie zu schützen und gleichzeitig den Wunsch des Kindes, autonome Entscheidungen zu treffen, zu unterstützen. Ansonsten erfahren wir frühzeitig *Schamgefühle*. Nicht nur Erwachsene kennen das Gefühl, sich zu schämen. Schon als Kinder haben wir alle den frühen Impuls das eigene Gesicht zu verstecken. Wer sich schämt, glaubt beobachtet zu werden, und fühlt sich befangen und unsicher. Werden wir als Kinder bewusst beschämt, um uns gefügig zu machen, ist der Grundstein für lebenslange Schuldgefühle gelegt. Scham geht einher mit dem Gefühl des Kleinseins. Paradoxerweise entwickeln wir unsere ersten Schamgefühle, wenn wir lernen, zu stehen. Wir beginnen nun selbst, unseren noch kleinen Körper und unsere noch geringe Kraft, mit den körperlichen Gegebenheiten der Menschen in unserer Umgebung zu vergleichen und zu messen. Bei einer Überbetonung des Schamgefühls entsteht eine Entschlossenheit in uns, dies zu boykottieren. Wir tun Verbotenes heimlich. An diesem Punkt ist es wichtig für unsere Entwicklung, dass unsere Grenzen respektiert werden, oder wir entwickeln feindselige und zerstörerische Erwartungen an unser Umfeld. Werden wir in dem Wunsch nach autonomer Entscheidungsfreiheit eingeschränkt, wobei hiermit ein früher Vertrauensverlust einhergeht, kann sich all unser Forschungs- und Tastdrang destruktiv gegen uns selbst richten. Dieses Phänomen ist in der Psychiatrie bekannt. Neben einer übermäßigen Selbstkritik entwickeln wir dann ein frühes und ausgeprägtes selbst – zerstörerisches Gewissen. Wir sind kaum mehr in der Lage uns selber Wünsche durchgehen zu lassen. Unser Gewissen hindert uns daran. Oder wir überkompensieren und entwickeln eine trotzige Scheinautonomie, die wir noch gar nicht erreicht haben können. Erleben wir hingegen feste und zugleich tolerante Eltern, so übernehmen wir dies für unser Ich – Bild. Früher oder später aber zweifeln wir alle an der Unfehlbarkeit der Menschen, die über uns urteilen.

Ab einem bestimmten Punkt in unserer Entwicklung wissen wir, dass wir ein Ich sind. Allerdings müssen wir herausfinden, was für eine Art von Person wir werden wollen. Wir beginnen uns mit unseren Eltern zu identifizieren, eifern ihnen nach und messen uns mit ihnen. Körperlich sind wir nun imstande, uns mit mehr Kraft und Autonomie zu bewegen und gewinnen an Freude, uns mit Erwachsenen zu vergleichen. Auch haben wir mehr Neugierde auf Größenunterschiede und Geschlechtsunterscheidungen.

Wen es sich nachzuahmen lohnt, finden wir schnell raus. Zudem treffen wir mit Gleichaltrigen zusammen und machen weitere soziale Erfahrungen. So z. B. im Kindergarten mit der Erziehungsperson und älteren Kindern. Während wir mehr und mehr Freude an Wettbewerben entwickeln, entstehen auch Rivalitätsgefühle, besonders gegenüber denjenigen, die zuerst da waren, und uns in unserer selbstständigen Tatkraft hinderlich sein könnten – so z. B. unsere Geschwister. Hierbei geht es vornehmlich um innere Werte, wie Ankerkennung, Wertschätzung oder Mitgefühl. Geschwisterkinder buhlen um die Liebe und Aufmerksamkeit der Eltern. Damit treten auch Gefühle wie Ablehnung, Aggression, Eifersucht und Neid auf. Besonders jüngere Geschwister vergleichen sich mit den älteren Geschwistern, die schon mehr können. Es entstehen Benachteiligungsgefühle, die im Laufe der Entwicklung reflektiert und aufgearbeitet werden müssen. Geschieht dies nicht, so leiden besonders jüngere Geschwisterkinder u. U. lebenslang unter Selbstwertproblemen. Hingegen erleben ältere Geschwister den Neuankömmling häufig als Bedrohung. Sie müssen auf einmal alles teilen. Hierin liegt aber auch die Chance, durch die Geburt eines jüngeren Geschwisterchens mehr Verantwortung wahrzunehmen und dadurch unabhängiger zu werden. Gelingt dies, so haben besonders die älteren Geschwister gute Chancen im Erwachsenenalter eine autonome und erarbeitete Identität zu werden. Ist der Altersunterschied zwischen den Geschwisterkindern gering, ist meist auch die Rivalität umso intensiver, wobei Gleichgeschlechtlichkeit den Effekt noch verstärken kann. Wenn Eifersucht und Neid besonders lange andauern, entwickeln sich ernsthafte psychosoziale Probleme. Es ist wichtig, dass wir erkennen, dass wir als Geschwister voneinander lernen können. Wir lernen unsere eigenen Bedürfnisse gegenüber dem anderen durchzusetzen und entwickeln unsere Persönlichkeit. Vorbereitend auf das Erwachsenendasein, können wir Emotionen ausleben und erste Versuche unternehmen, mit ihnen umzugehen.

Eine weitere Hürde müssen wir nehmen, wenn sich unser Gewissen herausbildet. Mit Eintritt der Gewissensentwicklung, fühlen wir uns mehr und mehr beschämt, wenn unsere Missetaten entdeckt werden. Wir beginnen uns, allein für den bloßen Gedanken und für unentdeckte Taten, schuldig zu fühlen. Hiermit ist der Grundstein für die Entwicklung der individuellen Moral gelegt. Diese Entstehung sollte von den Eltern nicht überlastet werden. Erlauben sich unsere Eltern Gebotsüberschreitungen, die uns selbst rigoros verboten wurden, entsteht bei uns ein schwerer Lebenskonflikt. Auch wenn diese Überschreitungen oft das Resultat eines natürlichen Ungleichgewichts zwischen Eltern und Kind darstellen, so erwecken sie doch bei uns den Glauben, die Welt bestünde vornehmlich aus Macht und Willkür. Wird dieser Konflikt nicht ausgehalten und durchgearbeitet, zeigen sich die Folgen oft erst im Erwachsenenalter. Wir schränken uns in unserer *Initiative* ein. Wir können nicht gemäß unserer individuellen Fähigkeiten und unseres Gefühls leben, sondern identifizieren uns vor allem mit unserer Leistungsfähigkeit und weniger mit unserem Wert als Mensch. Eine freie Entfaltung der individuellen Persönlichkeit ist nur möglich, wenn wir lernen unsere Wut über Ungerechtigkeit zu minimieren. Die geschieht durch autonome und freiwillige Zusammenarbeit mit (erwachsenen) Menschen, die sich und uns – trotz Entwicklungsunterschiede – als gleichwertig ansehen. Hierdurch erkennen wir, dass wir Dinge erlernen können, auf die wir von ganz alleine nicht gekommen wären. Auf diese Weise nehmen wir an der „wirklichen" Welt der Erwachsene teil (Erikson 2002).

Eine wohlüberlegte Dosis von Arbeit und Spiel ermöglicht eine optimale Entwicklung. Der Sinn im kindlichen Spiel liegt, neben dem Erlernen als Vorbereitung zum Erwachsensein, auch in der Verarbeitung schwieriger Erfahrungen. So können wir Kontrolle und Beherrschung der Situation wiederherstellen. Durch das selbst gesteuerte Spielen lernen wir den Sinn für das Gestalten der Welt. Zugleich werden wir mit Gruppenregeln vertraut, die neue Formen der gegenseitigen Achtung und des gegenseitigen Respekts vermitteln. Wir erfahren Führung, Autorität und Solidarität, wobei uns die neue organisierte Welt Anpassung abverlangt. Wir müssen lernen zu akzeptieren, dass wir von anderen bewertet werden – auch wenn wir diese Bewertung als ungerecht wahrnehmen. Frustrationen und Minderwertigkeitsgefühle lernen wir auszuhalten und erleben aber auch gleichzeitig, dass wir gebraucht werden. Wir möchten uns nützlich machen. Durch *Eigenproduktion* von Dingen und Fleiß verschaffen wir uns Anerkennung. Auch wenn der Wunsch bemuttert und umsorgt zu werden noch bestehen bleibt. Bei Ungleichgewicht entwickeln wir das Gefühl von Minderwertigkeit. Ständige Kritik oder Zurückweisung (z. B. in der Schule) wird in dieser Phase erlebt als Gefühl „niemandem etwas recht machen zu können“. Wir erleiden einen Wertverlust. Verborgene Stärken und Kompetenzen müssen hier wieder hervorgehoben werden. Besonders den sozialen Beziehungen kommt hier eine entscheidende Bedeutung zu. Wir müssen nun von außen die Chance erhalten uns selbst als einen produktiven Teil der Gruppe zu erleben (Erikson 1984).

In unserer Jugendphase haben wir durch unsere Kindheitserfahrungen ein neues Ich errungen. Es beginnt eine Zeit, in der wir alle bisherigen Identifizierungen und damit verbundenen Sicherheiten hinterfragen und ggf. verwerfen. Ein Grund hierfür liegt in dem schnellen Körperwachstum und der physischen Geschlechtsreife. Primär ist der Jugendliche mit der Festigung seiner sozialen Rolle beschäftigt. Darüber hinaus vergleicht er sein eigenes Selbstgefühl mit dem Bild, das andere Menschen von seiner Person zu haben scheinen. Das durch die Krisen immer wieder erneut erlebte und bestärkte Selbstwertgefühl mündet in der festen Überzeugung, dass man selbst zu der gewünschten Persönlichkeit innerhalb seiner sozialen und wirklichen Welt wird. Gerade diese Phase birgt aber die Gefahr der *Überidentifizierung*. Um sich selbst zusammenzuhalten und ein Gefühl der Kontinuität aufrechtzuerhalten, beginnen wir uns in einem überstarken

Maße mit „Helden" sozialer Gruppen zu identifizieren. Als Jugendliche rotten wir uns in Gruppen zusammen und neigen dazu, alles und jeden einzuteilen in „Freund" oder „Feind". Dies hilft uns über die unsichere Zeit hinweg, in der wir uns mit sämtlichen sich widersprechenden Auswahlmöglichkeiten von Identitäten konfrontiert sehen. Es entwickelt sich ein Anreiz, sich Autoritäten und Ideologien zu unterwerfen, die uns ausreichend Möglichkeit zur Identifikation mit totalitären Doktrinen anbieten. Anstatt diesen unsicheren und pubertären Abwehrreaktionen mit Verboten entgegenzutreten, brauchen wir nun ein verständnisvolles Anleiten, das uns zu einer demokratischen Identität verhilft. Die Intoleranz in der Jugendzeit gegenüber Menschen anderer Nationen basiert auf der tiefen Unsicherheit *wer man ist,* und ob man je sein kann, *wer man sein möchte.* Als Jugendliche zweifeln wir oft daran, ob wir jemals liebenswert erscheinen werden, und ob wir uns jemals als ein beständiges Eins wahrnehmen werden. Uns erscheint unsicher, ob andere Menschen uns so sehen und sehen werden, wie wir gesehen werden möchten.

> „*Ich bin nicht, was ich sein sollte, ich bin nicht, was ich sein werde, aber ich bin nicht mehr, was ich war*" (Erikson 1998).

Voraussetzung für eine gesunde Persönlichkeitsentwicklung sind neben Autonomie, freier Wahl und Selbstbestimmung auch Vorbilder, die Werte und Ziele vermitteln und vorleben, nach denen wir nicht ausschließlich Funktionieren müssen, um in der Gesellschaft bestehen zu können. Durch die Identifizierung mit Modellen bilden und verändern wir unsere Identität maßgebend. Bei jeder Identitätsbildung und Identitätsveränderung lösen wir uns von alten Verpflichtungen und gehen neue innere Verpflichtungen zu anderen Modellen ein. Ein Loslösen der inneren Verpflichtung zu einem bestehenden Modell fällt dann besonders schwer, wenn alternative Identifizierungsangebote fehlen. Unsere Entwicklung ist dann gehemmt.

Wir können nicht lernen. Wir bilden unsere Gedanken, Gefühle oder Handlungen am Muster anderer Personen nach. Durch dieses Lernen am Modell erwerben wir neue Verhaltensweisen und wandeln bestehende ab. Die Identifikation mit einem Vorbild kann aber auch auf der Ablehnung anderer Modelle beruhen. Entsprechen hingegen die Bedürfnisse und Interessen des Modells unseren eigenen, dann wird *Aufmerksamkeit* erweckt. Die Fähigkeit zur Selbstbeobachtung ist entscheidende Voraussetzung für die Nachahmung anderer. Werden wir dann noch von unserem Umfeld in unserem „neuen" Verhalten unterstützt, so verinnerlichen wir es (Bandura 1979).

Erst wenn wir das Gefühl von Sicherheit in Bezug auf unsere eigene Identität erreicht haben, können Beziehungen tief greifend werden. War es in der Jugendphase noch schwierig seelische und körperliche Intimität zuzulassen, suchen wir je sicherer wir uns unserer selbst werden, freundschaftliche, enge und liebevolle Bindungen. Haben wir weder in unserer Jugend noch im frühen Erwachsenenalter eine solche Beziehung geführt, so besteht eine große Isolationsgefahr. Lehnen wir andere Menschen und soziale Beziehungen strikt ab, so ist dies ein Hinweis darauf, dass wir frühere Krisen nicht ausreichend bearbeitet haben. Die Angst vor intimen Bindungen kann in dem Bedürfnis münden, Menschen, die einem zu nahe kommen, als potenzielle Gefahr wahrzunehmen und im schlimmsten Fall aus Selbstschutz „zerstören" zu wollen (Erikson 1981).

Lehnen wir unseren individuellen Lebenszyklus ab und können das Leben durch schwerwiegende und traumatische Ereignisse nicht bejahen, so stellt sich eine tiefe *Verzweiflung* ein. Wir empfinden Hoffnungslosigkeit und sind niedergeschlagen. Der *Ekel* vor dem eigenen Leben und der Welt drückt sich in der Verachtung bestimmter Menschen, Personengruppen oder Institutionen aus – tatsächlich ist es aber unsere Selbstverachtung.

Verläuft unsere Entwicklung aber günstig, so erreichen wir das Stadium der *Integrität*. Dieser erreichte seelische Zustand ermöglicht uns, unsere Biographie und unsere Vergangenheit mit allen wichtigen Ereignissen und Menschen anzunehmen. Wir empfinden eine neue, andere Liebe und Zuneigung zu unseren Eltern, die uns frei von dem Wunsch macht, dieselben wären anders gewesen. Besitzen wir Integrität, übernehmen wir die alleinige Verantwortung für unser Leben. Wir verfügen über das Wissen, dass das zufällige Zusammentreffen und Zusammenfallen verschiedener Ereignisse nur einem Segment unserer ganzen Geschichte entspricht. Wir besitzen die Bereitschaft auf politischer, gesellschaftlicher, wirtschaftlicher, technischer oder religiöser Ebene mitwirken zu wollen und Veränderungen anzustreben (Erikson 1998).

Unsere Identitätsentwicklung verläuft also individuell. Welchen Weg wir gehen, ist stark abhängig von unseren eigenen Fähigkeiten und der Anerkennung unserer nahen Bezugspersonen.

Auf einen Blick

- Wir durchlaufen eine ständige und krisenanfällige Entwicklung.
- Können wir uns völlig auf persönliche Zuwendung, Wärme und Liebe verlassen, entwickeln wir Vertrauen.
- Als Folge psychischer oder physischer Vernachlässigung entsteht Misstrauen.
- Durch Willensbeherrschung gewinnen wir ein Gefühl von Autonomie.
- Eine zu strenge Kontrolle und Sauberkeitserziehung lässt Scham und Zweifel entstehen.
- Wir müssen unsere Umwelt durch Tatendrang erobern.
- Häufiges Misslingen schädigt unser Selbstwertgefühl.
- Gelingt die Identitätsbildung, erleben wir uns als Einheit.
- Wir müssen uns selbst gefunden haben, bevor wir uns in anderen verlieren können, sonst droht Isolationsgefahr.
- Erst gelungene Intimität macht fähig zur Generativität. Ansonsten ziehen wir uns zurück und wehren andere ab.
- Nehmen wir unser Leben an, gewinnen wir an Integrität. Andernfalls treten Ekel und Zweifel ein.

2

Wie wir uns verhalten

Oder: Warum werden wir nicht verstanden?

„Sprich, damit ich sehe, wer du bist." (Sokrates)

Das Auftreten jedes Menschen unterscheidet sich je nach Persönlichkeit und Situation. So kann dieselbe Person in der einen Situation nachgiebig und kooperativ und in einer nächsten Situation engstirnig und rechthaberisch sein. Verständliche Kommunikation als auch gemeinsames Handeln sind Voraussetzungen für ein gemeinschaftliches Miteinander. Wir sind auf das Verständnis unseres Gegenübers angewiesen, wenn wir diesem eine Mitteilung machen, weil wir von ihm eine bestimmte Reaktion oder Handlung erwarten. Schwierigkeiten ergeben sich, wo eine genaue Neigung, eine Ansicht oder ein Ziel, d. h. das, wofür wir eigentlich wirklich eintreten möchten, fehlt oder undeutlich bleibt. Gemeinsames Handeln und Kommunizieren verlangen, dass die beteiligten Partner aufeinander eingehen, sich angleichen und versuchen, einander zu verstehen.

Auf der anderen Seite ist aber auch eine Verdeutlichung unserer Bedürfnisse und Ziele notwendig. Beide miteinander kommunizierenden und handelnden Personen müssen also erst sich selbst und dann dem anderen gegenüber darstellen, *wer sie sind.* Dies ermöglicht Planung und Vorhersehbarkeit. Auf den ersten Blick scheint die Kombination aus Angleichung und Verständnis sowie dem Vertreten der eigenen Zielvorstellungen unmöglich umzusetzen, denn beides steht in paradoxer Weise zueinander. Wenn wir kommunizieren und handeln, sehen wir uns also mit einem Dilemma konfrontiert, in dem wir einerseits unsere Besonderheit präsentieren möchten und andererseits gleichzeitig über Einfühlungsvermögen verfügen müssen, um uns unseren verschiedenartigen Partnern verständlich und erkennbar machen zu können. Anders ist weder eine persönliche Zielsetzung noch eine erfolgreiche Kommunikation denkbar.

Jeder Gesprächspartner entwirft Vorstellungen von seinem Gegenüber. Würden wir ausschließlich unsere persönlichen Ziele verfolgen und gleichzeitig von unseren Gesprächspartnern verlangen, sie müssten uns uneingeschränkt in unserer besonderen Individualität annehmen, so verstoßen wir gegen jedwede kollektive Vorstellung, wie sich ein Mitglied einer Personengruppe zu verhalten hat. Wiederholen wir diesen Vorgang mehrfach, werden wir voraussichtlich in unserer Besonderheit nicht akzeptiert werden, sondern gemeinschaftlich zurückgewiesen werden. In diesem Fall droht eine akute Isolationsgefahr (Krappmann 2000).

Wir tauschen innerhalb einer Kommunikation neben sachlichen Informationen auch ständig Definitionen über uns selbst und unseren Gesprächspartner aus. Neben der Sachebene kommunizieren wir also auch auf der Beziehungsebene. Wir tauschen Bestimmung und Festlegung unserer Beziehungen aus – auch ohne diese direkt auszusprechen. Wir bestätigen einander, lehnen den anderen ab oder werden abgelehnt. Jeder Mensch verspürt den Wunsch nach Bestätigung von anderen, in der Weise, wie er oder sie sich selber sieht. Entsprechend unseres Selbstbildes möchten wir auch von allen anderen gesehen und bestärkt werden. Da dies häufig nicht passiert und wir uns unverstanden fühlen, können viele Formen von Krisen und Beziehungsstörungen entstehen, die sogar Krankheit als Folgen für unser Ich haben können (Watzlawick 1996).

Von der Antwort der anderen auf unsere Frage *„Akzeptierst du, wer ich bin?"* ist sowohl unsere seelische als auch unsere körperliche Gesundheit abhängig. So gilt es also, uns selbst im Kontext unserer sozialen Umwelt und unserer Beziehungen als „Ganzes" zu betrachten. Wir sind als Menschen soziale Gruppenwesen, die ihr Identitätsgefühl in einem Prozess suchen, der von zwischenmenschlichen Konflikten und Identitätskrisen durchlaufen ist. Eine eigene und unabhängige Identität zu entwickeln, hängt mit der inneren Emanzipierung der Mehrheit bzw. der mitunter recht dominanten Gruppenidentität zusammen. Wir lernen von klein auf, wie wichtig es ist, Teil einer Gruppe zu sein und dürfen unser Selbst gleichzeitig in den Überzeugungen der Gruppe nicht verlieren. Dieser lebenslange Prozess der Ich – Suche ermöglicht uns, unser Selbst in unserer sozialen und kulturellen Welt wahrzunehmen und darzustellen. Gruppenidentität und persönliche Identität sind gleichermaßen Teil unserer grundlegenden Existenz (Kron 2001).

Kommunikation ist also auch Identität. Um zu kommunizieren und eine Beziehung zu jemand anderem aufzubauen, müssen wir uns als Individuum mit unserer besonderen Individualität präsentieren. Hierdurch zeigen wir, *wer wir sind.* Gleichzeitig müssen wir uns der jeweiligen Situation mit ihren Erwartungen und Bedürfnissen anpassen, und dürfen zudem angebotene Modelle nicht missachten, entsprechen sie auch nicht den persönlichen Vorstellungen und der eigenen Position (Krappmann 2000).

Um erfolgreich miteinander zu sprechen und Beziehungen zu festigen, müssen wir sowohl unsere eigene Rolle erkennen, als auch die Rollenerwartung der Umwelt an uns. Dafür müssen wir uns in die Perspektive des anderen versetzen. Eine Höchstleistung – aber, wie wir sehen werden, für den Aufbau unserer Identität entscheidend.

Im Laufe unseres Lebens müssen wir Erfahrungen sammeln und das Bild, das wir von uns haben, mit dem Bild, das andere Menschen von uns haben, vergleichen. Dies geschieht vor allem, indem wir uns mit anderen Menschen verständigen. Über Kommunikation treten wir zueinander in Beziehung. Hierzu senden und empfangen wir Nachrichten. Dies kann auf vier unterschiedlichen Ebenen geschehen.

(1) Über den *Sachinhalt* teilen wir Informationen mit,
(2) über die *Selbstoffenbarung* teilen wir etwas über uns selbst mit,
(3) über den *Beziehungsaspekt* teilen wir mit, was wir von dem anderen halten und wie wir zueinander stehen und
(4) über den *Appell* teilen wir mit, wozu wir den anderen veranlassen wollen.

Hieraus ergibt sich ein beachtliches Konfliktpotenzial. Besonders dann, wenn wir mindestens eine der vier Ebenen anders deuten oder gewichten als unser Gesprächspartner. Dies führt zu Missverständnissen. Wenn wir als Sprecher auf der Sachebene Daten, Fakten und Informationen mitteilen, sollte dies so klar und verständlich wie möglich sein, denn unser Zuhörer wird unsere Aussagen und Mitteilungen prüfen auf (Un-)Angemessenheit, (Un-)Wahrheit und (Un-)Bedeutsamkeit hin prüfen. Umso vertrauter wir miteinander sind, umso problemloser läuft dies ab (Schulz von Thun 1981).

Wir sollten uns klar machen, dass jede Äußerung, die wir tätigen, auch zugleich eine unbewusste Selbstenthüllung beinhaltet. Unser Zuhörer wird diese aufnehmen und auf unsere Persönlichkeit schließen. Er bewertet uns. Unabhängig von unserer direkten Aussage, vermitteln wir unserem Gegenüber auch immer, was wir von ihm halten – sowohl durch unsere gewählte Formulierung als auch durch unsere Körpersprache. Auch eine simple Sachinformation kann (oder soll) unseren Mitmenschen verraten, ob wir sie wertschätzen oder verachten.

Wenn wir uns äußern, wollen wir in der Regel auch etwas bewirken. Als Sprecher veranlassen wir unseren Zuhörer etwas Bestimmtes zu tun oder zu unterlassen. Wir können dies zum Beispiel direkt tun, indem wir bitten oder auffordern. Auf diese Weise können Missverständnisse vermieden werden.

Wir können unser Gegenüber aber auch manipulieren, indem wir verdeckte Befehle aussenden oder solche empfangen.

Sind unsere Mitteilungen in sich stimmig und sowohl Inhalt als auch Körpersprache passen zusammen, so besteht eine geringe Konfliktgefahr. Widersprechen sich allerdings sprachliche und körperliche Signale, werden wir missverstanden und ein Konflikt entsteht. Mimik und Gestik verraten uns. Ignorieren wir beispielsweise in einem Gespräch konsequent unseren Gesprächspartner, indem wir es vermeiden, ihm ins Gesicht zu schauen und uns ständig von ihm abwenden, so fühlt er sich abgelehnt – selbst wenn der Informationsgehalt des Gesprächs ein unverfänglicher ist. Gestik, Mimik und Tonfall lösen verschiedene Reaktionen aus. Wir können uns bestätigt in unserem Selbst fühlen, uns als entwertet betrachten oder eine Aussage gleich komplett verwerfen, wenn wir sie zu negativ finden.

Nicht nur das gesprochene Wort, sondern auch nonverbale Äußerungen beeinflussen uns und unsere Definition über den anderen erheblich. Kommunikation ist mehrdeutig und kann unterschiedlich entschlüsselt werden. So kann ein Lächeln sowohl Sympathie als auch Verachtung ausdrücken. Wir weinen vor Schmerz, aber auch vor Freude.

Haben wir ungelöste Konflikte miteinander, wird unsere Kommunikation stark gestört. Wir können das Problem verleugnen oder die Person, die es direkt anspricht, entwerten. Manchmal halten wir auch abenteuerliche Lösungen für realistisch, nur um das Problem nicht zu bearbeiten (Schulz von Thun 1981).

Eines der häufigsten Probleme in unserer alltäglichen Kommunikation ist der Widerspruch (Paradoxie). Es lassen sich Aussagen, die getroffen werden, nicht miteinander vereinbaren. „Sei jetzt spontan!“ Durch diese Aufforderung werden wir in eine Situation gebracht, die wir unmöglich lösen können. „Sei selbstständig und räum sofort dein Zimmer auf!“ In einem Kontext von Gehorsamkeit sind weder Spontaneität noch Selbstständigkeit möglich. Doppeldeutige oder sich widersprechende Aussagen machen uns krank. Sie lassen uns – besonders in der Kindheit – an unserem Selbst und unserer Wahrnehmung zweifeln. Wir wissen nicht, was richtig und falsch ist, und es stellt sich das Gefühl ein, dass wir es der Welt (den Eltern) nicht recht machen können. Die an uns gerichteten Aufgaben und Anforderungen sind ja de facto auch nicht zu lösen. Wir fühlen uns klein und minderwertig und geben uns selbst die Schuld an unserer Unfähigkeit. Bei gelingender Kommunikation hingegen legen beide Partner die gleichen Sachverhalte fest und interpretieren sie auf dieselbe Weise. So fühlen wir uns in unserem Selbst gestärkt.

Wie wir uns selber wahrnehmen und bewerten, ist entscheidend für unsere Identität. Die Situationen, Ereignisse und Erlebnisse, die uns besonders betroffen machen oder beschäftigen, fließen in Selbstwahrnehmung und Selbstbewertung ein. Betroffenheit ist somit ein Kennzeichen für unsere Gefühle. Machen wir uns unsere Emotionen bewusst, so erfahren wir, warum beispielsweise aus einem Gefühl der Skepsis einer anderen Person gegenüber plötzlich Hass wurde. Um uns selbst als Einheit wahrzunehmen, brauchen wir einen reflektierten Zugang zu unserer Gefühlswelt.

Unsere *Selbstwahrnehmung* ist das „augenblickliche Bild von uns selbst", indem wir Neues in Beziehung zu unserem Vorwissen kategorisieren. Wir beobachten unser Verhalten und Merkmale der Situation und schließen daraus auf unsere Emotionen (Bem 1979). Ohne die Wahrnehmung unserer Person mit unseren Stimmungen und Motivationen können wir unser Handeln weder hinterfragen noch steuern. Verstehen wir uns selbst nicht, verstehen wir auch die anderen nicht. Wir müssen uns selbst einschätzen, indem wir unsere wahrgenommenen Inhalte in Bezugssysteme einordnen und diese *Selbsteinschätzung* sodann beurteilen (*Selbstbewertung*) (Sader 1980).

Aber an welchem Richtwert orientieren sich unsere Emotionen? Aus dem *sozialen* oder dem *individuellen* Vergleich? Letzteres meint, dass wir das Erfahrene an eigenen Wünschen, Vorsätzen, Zielen und moralischen Werten messen. Selbstbewertungsprozesse sind die Folge von *Selbstaufmerksamkeit.* Dies läuft für uns nicht immer positiv. Wir erleben auch häufig eine negative Diskrepanz durch das Missverhältnis von Wunsch und Wirklichkeit. Unser *Selbstbewusstsein* und unser *Selbstwertgefühl* leiden. Viel lieber möchten wir uns in einem angenehmen und erfolgreichen Licht sehen und Stolz empfinden. Erleben wir aber negative Einschätzungen über uns selbst, so verhalten wir uns abwehrend und entschuldigend oder wir berichtigen unser Verhalten, um diese Unstimmigkeit zu verkleinern.

Eine positive Diskrepanz, wenn beispielsweise ein Gespräch angenehmer verlaufen ist als ursprünglich erwartet, führt hingegen zu einer Verstärkung. Eine Selbstbewertung wird nicht selten von Mitmenschen durch deren Fremdbewertung angeregt. Voraussetzung dafür, die Fremdbewertung als Selbstbewertung mindestens zu berücksichtigen oder sogar zu übernehmen, ist die empfundene Ernsthaftigkeit und das Vertrauen, das wir der anderen bewertenden Person entgegenbringen. Mangelndes Vertrauen und fehlende Ernsthaftigkeit werden dann unterstellt, wenn die Fremdbewertung realitätsfern, provokativ oder unglaubwürdig erscheint. Wir lehnen dann die Bewertung ab. Indessen setzen wir uns mit einer erlebten Situation bewusst und intensiv auseinander, wenn diese uns ausreichend bedeutsam erscheint und darüber hinaus betroffen macht.

Wir bauen unsere ureigene und ausschließlich uns selbst kennzeichnende Identität durch jene situativen Erfahrungen auf, die uns im Sinne der persönlichen Bedeutsamkeit und Betroffenheit besonders beschäftigen. Sind diese Erfahrungen gefiltert, werden sie im Zuge der Selbstbewertung und Selbstwahrnehmung einer Einschätzung unterzogen. Mit wichtigen

Erlebnissen beschäftigen wir uns ausgedehnt. Damit ist nicht die übliche Informationsverarbeitung gemeint, sondern die aktive und bewusste Auseinandersetzung mit dem Erlebten. Hierbei müssen wir uns selbst reflektieren und an uns selbst mit dem Ziel der Veränderung arbeiten. Das uns berührende Erfahrene wird in Beziehung zu unseren bisherigen Überzeugungen, Emotionen und Erwartungen gesetzt. Besonders die Bindungen zu anderen Menschen spielen dabei eine zentrale Rolle. In unseren Beziehungen beobachten wir uns gegenseitig und vermitteln unsere Wahrnehmung dem anderen über Fremdbewertung. Bekommen wir von anderen die Rückmeldung und nehmen zudem auch selber wahr, dass wir in einer bestimmten Situation den Leistungsansprüchen nicht genügen, verändert sich unser *Selbstkonzept*. Wir wandeln entsprechend der Gesamtheit unserer Wahrnehmung unsere Glaubenssätze über uns selbst ab. Wir sind überzeugt, dass unsere Fähigkeiten in *allen* Situationen nicht genügen. Aber selbst wenn wir uns zeitweise als Versager auf der ganzen Linie sehen, ist diese Entwicklung keine Einbahnstraße. Solche *Generalisierungen* sind durch positive Erlebnisse und Zuspruch von außen heilbar bzw. umkehrbar und erfordern zudem eine selbst – reflektierende Arbeit an uns selbst (Haußer 1995).

Um uns in der Welt zu orientieren, haben wir alle das Bedürfnis Ereignisse oder Zustände zu erklären, vorherzusagen oder Einfluss darauf zu nehmen. Zur Vorbereitung, Durchführung und Reflexion der bevorstehenden oder erlebten Situation brauchen wir ein gewisses Maß an Kontrollmotivation. Aber woher kommt unser ständiges Erklärungsanliegen? Erlebte Misserfolge und Erfolge stellen uns vor die notwendige Aufgabe, unsere Selbsteinschätzung zu hinterfragen. Dies geschieht, indem wir die Bedeutung der Erfahrung für das eigene Selbst und unsere Identität annehmen oder ablehnen (Krahe 1987). Insbesondere innerlich bedeutsame und betroffen machende – also identitätsrelevante – Ereignisse und Erfahrungen wecken unsere Erklärungsbedürftigkeit. Hiezu gehören sowohl neue, interessante, persönliche und zielrelevante, aber auch erwartungswidrige, belastende und negative Erfahrungen. Wir erleben neben der inneren Kontrolle, die uns Sicherheit vermittelt, auch äußere Kontrolle, die uns das Gefühl von Ohnmacht vermitteln kann. Unser Einfluss schwindet an mächtigere Personen, Naturkräfte, gesellschaftliche Kräfte oder einfach Zufall. Wir sind aufgefordert, uns mit unserer inneren Überzeugung und den äußeren Umständen auseinanderzusetzen und Muster zu entwickeln, die es uns ermöglichen, ein Gleichgewicht herzustellen. Erleben wir aber häufig das Gefühl des Ausgeliefert – Seins, so wächst in uns die Überzeugung, dass wir machtlos in unseren Möglichkeiten der Welt gegenüber sind. Wir entwickeln Ängste und Selbstwertprobleme und erlangen die Grundüberzeugung, wenig Einfluss auf unser Leben nehmen zu können. Wir beginnen uns von anderen leiten zu lassen und verstärken auf diese Weise unsere Machtlosigkeitsgefühle. Die Meinung anderer erscheint uns gewichtiger und bedeutsamer als unsere eigene. Erfahren wir hingegen Umstände, Personen und Situationen im Sinne unserer Zielsetzung und Überzeugungen lenken und beeinflussen zu können, so stärkt dies unser Selbst und unsere Gewissheit, handlungsfähig zu sein.

Entscheidend für unsere Selbst- und Fremdwahrnehmung ist die Stimmigkeit unseres Verhaltens in unterschiedlichen Lebensbereichen. Wer doppelmoralisch handelt, dem wird ein grundsätzlich widersprüchliches Wesen zugesprochen. Eine solche Person erleben wir als in sich selbst unstimmig. Eine Frau, die ihr eigenes Kind niemals körperlich züchtigen würde, aber im Gespräch mit ihrem Vater – um eine Meinungsverschiedenheit zu vermeiden – seiner Auffassung widerstandslos zustimmt, dass die moderne Erziehung ohne gelegentliche „sinnvoll eingesetzte Schläge" die Jugend verweichliche, verhält sich inkonsistent. Voller Unvereinbarkeiten sind beispielsweise auch die Aussagen von und über Kriegsverbrecher des Nationalsozialismus. Die KZ –Kommandanten wurden in den Nürnberger Prozessen einerseits als perfektionistische

Massenvernichter und andererseits als liebevolle Familienväter beschreiben. Besonders die Rassenideologie liefert eine erschreckende Basis für ein subjektives und kollektives Konsistenzempfinden (Haußer 1995).

Warum haben sich z. B. so viele Menschen dem NS – Regime angeschlossen und waren bereit andere zu töten? Hatten diese Menschen Charakterfehler, die es heute nicht mehr gibt? Oder existieren Situationen und Umstände, unter denen wir möglicherweise alle bereit sind, andere Menschen zu quälen? Der Sozialpsychologe Stanley Milgram (1993) hat dies, in den 60er Jahren, in einem umstrittenen Experiment untersucht. Er prüfte die Bereitschaft ganz normaler Menschen, sich einer Autorität zu beugen und deren Befehlen zu folgen.
Hierzu wurden Testpersonen von der Yale Universität gesucht, die bereit waren, an einem Experiment über Erinnerungsvermögen und Lernfähigkeit teilzunehmen. Tatsächlich war dies aber nur ein Vorwand. Die Teilnehmer wussten nicht, dass eigentlich ihre Unterwerfungsbereitschaft gegenüber Autoritäten, Gegenstand der Untersuchung war. Vielmehr wurde den Probanden vom Versuchsleiter erläutert, dass es um die Auswirkungen von Bestrafungen auf das menschliche Lernen ginge. Die Testpersonen setzten sich aus einer Zufallsstichprobe zusammen. Darunter waren ungelernte und angelernte Arbeiter (40%), Angestellte aus Handel und Gewerbe (40%) und Fachberufler (20%). Die Teilnehmer wurden durch das Ziehen von Losen in Schüler – und Lehrergruppen unterteilt. Das Losverfahren war allerdings manipuliert. Es nahm immer nur ein Proband an dem Experiment teil – und das in der Rolle des „Lehrers“. Der „Schüler“ war jeweils ein eingeweihter Student der Universität, der eine Liste von Assoziationspaaren auswendig lernen sollte. Die Testpersonen („Lehrer“) hatten den Auftrag den „Schüler“ zu kontrollieren und die Richtigkeit der Angaben zu überprüfen. Gab der „Schüler“ eine falsche Antwort, so sollte der „Lehrer“ ihn durch aufsteigende Stromstöße bestrafen. Hierzu stand ein „Schockgenerator“ mit einer Instrumententafel bereit. Auf dieser befanden sich dreißig Kippschalter, die aufsteigend angeordnet von 15 Volt (leichter Schock) bis 450 Volt (schwerer Schock) waren. Der „Schüler“ wurde in einem anderen

Raum an einen elektrischen Stuhl gefesselt und offensichtlich mit Elektroden versehen (ohne tatsächlich an den Stromgenerator angeschlossen zu werden). Die Versuchsperson, der „Lehrer", war hingegen fest davon überzeugt, dass der „Schüler" im Nebenraum durch sein Handeln mit Stromstößen bestraft werden wird. Der „Lehrer" wurde aufgefordert bei jedem fehlerhaften Antworten ordnungsgemäß den nächsten Knopf zu drücken und den „Schüler" mit vermeintlich immer stärkeren Stromstößen zu bestrafen.
Beim 5. Schock (75 Volt) angelangt, begann der „Schüler" jedes Mal laut zu klagen. Bei 150 Volt bat er um Abbruch des Experiments und bei 180 Volt schrie er, dass er den Schmerz nicht mehr aushalten könne. Bei den weiteren Voltstufen hämmerte der „Schüler" lautstark mit den Fäusten gegen die Wand und flehte um Befreiung. Der „Lehrer" wurde dennoch weiter strikt vom Versuchsleiter aufgefordert, bei falschen Antworten, zu bestrafen.
Einige Versuchspersonen reagierten emotional auf die augenscheinliche Notlage des „Schülers". Sie protestierten unter großer körperlicher Anspannung, gehorchten aber überwiegend den Anweisungen der Autorität. Diesen Widerspruch kompensierten sie dadurch, dass sie ihr Opfer meist ignorierten und ihre Aufmerksamkeit vorzugsweise auf den Versuchsleiter richteten. Hierdurch konnten sie die eigenen inneren Spannungen, die die Schmerzen des „Schülers" bei ihnen erzeugten, mildern (*Einstimmung auf die Autorität*). Einige „Lehrer" leugneten ihre Verantwortlichkeit und andere verlangten sogar eine Versicherung, dass sie für den Schaden am Opfer später nicht haftbar gemacht werden konnten. Immerhin hatte sich der „Schüler" freiwillig gemeldet und war damit auch selbst verantwortlich. Manche versuchten die Schmerzen für den „Schüler" so gering wie möglich zu halten, indem sie die Knöpfe nur ganz kurz betätigten oder heimlich die Antworten durch Lippenbewegungen den „Schülern" vorsprachen.

Mehr als 62% der „Lehrer" waren bereit bis ans Ende der Skala (450 Volt) zu gehen – auch wenn sie hierzu vom Versuchsleiter mehrfach gedrängt werden mussten. Trotz der inneren Überzeugung, dem „Schüler“ keine weiteren Schocks versetzen zu wollen, taten sie es dennoch. Es wird angenommen, dass sie sich im Falle eines Versuchsabbruchs, ihr vergangenes Fehlverhalten hätten eingestehen müssen. Vor diesem Hintergrund rechtfertigten sie ihr weiteres Verhalten und sahen sich nicht mehr in der Lage ungehorsam zu sein. Zudem hätten sie bei einer Verweigerung der Schockverabreichung auch die Selbstdefinition des Versuchsleiters in Frage gestellt. Die Gehorsamsverweigerung hätte also ein soziales Missverhalten dargestellt.

Milgrams Experiment wurde mehrfach wiederholt. In allen Fällen ließ sich ein gleich bedeutendes Maß an Gehorsam feststellen. Der Versuch wurde z. B. in Australien, Jordanien, Spanien und Deutschland durchgeführt. Unabhängig von Staatangehörigkeit oder Geschlecht, reagierten die Menschen überall gleich gehorsam.
In einem späteren Experiment konnte Milgram nachweisen, dass der Anteil der bedingungslos Gehorchenden aber drastisch sank (10%), wenn die Versuchspersonen zwei weitere „Lehrer“ an ihre Seite bekamen, die dem Versuchsleiter starken Widerstand entgegenbrachten.
Da der Versuchsleiter im ersten Experiment der Yale – Universität angehörte, interpretierten die „Lehrer“, dass sie selbst Teil eines äußerst bedeutenden wissenschaftlichen Experiments waren. Die Autorität wurde hier also sehr hoch eingeschätzt. In Einzelstudien konnte nachgewiesen werden, dass tauscht man den Mitarbeiter der angesehen Yale – Universität, gegen einen Mitarbeiter aus, dessen Arbeitsplatz in einem verwahrlosten Bürogebäude ist, so sinkt die Gehorsamsbereitschaft von durchschnittlich 65% auf 48%. Fehlendes Ansehen verringert also die Unterwerfungsbereitschaft gegenüber Autoritäten. Zudem konnte nachgewiesen werden, dass tauscht man den Versuchsleiter durch eine Ersatzperson aus, die Zahl der absoluten Gehorsamspersonen auf 20% reduziert wird – obwohl sich der Ersatzmann genauso verhielt wie der eigentliche Versuchsleiter zuvor. Ein beliebiger Mensch ist also nicht

unbedingt eine ausreichend legitimierte Autorität, um willkürlich Gehorsam abzuverlangen.
Befand sich die Autorität außerhalb des Raumes und gab die Anweisungen per Telefon durch, so sank die Gehorsamkeitsrate auf 25%. Zudem begannen viele „Lehrer“ zu täuschen. Sie verabreichten z. B. schwächere Elektroschocks als vereinbart und teilten dies dem Versuchsleiter nicht mit. Auf diese Weise konnten sie sowohl augenscheinlich den Anforderungen der Autorität gerecht werden und gleichzeitig ihren inneren Konflikt dadurch reduzieren, dass sie dem „Schüler“ weniger Schmerzen zufügten. Je weiter die „Lehrer“ vom „Schüler“ entfernt waren, desto eher waren sie bereit den Autoritätsanweisungen Folge zu leisten. Hatten sie hingegen Augenkontakt, so führten 40% das Experiment fort, während es noch 62% waren, wenn sie das Opfer „nur“ schreien hörten.
In einer weiteren Variante des Experiments waren es zwei Lehrer, wobei einer eingeweiht war und die Elektroschocks verabreichte. 92,5% der Versuchspersonen hinderten den anderen „Lehrer“ nicht an der Verabreichung der maximalen Stromstöße.
Wer also Teil eines größeren Ganzen ist, fühlt sich weniger verantwortlich für sein Handeln. Möchten wir jemand anderen von unserer Meinung überzeugen, ist uns geholfen, wenn wir mit dieser nicht alleine sind. Für alle Menschen ist es leichter, für etwas Interesse zu entwickeln, wenn viele andere das auch haben. So brauchen wir auch nicht die unangenehme Situation fürchten, uns später alleine für etwas rechtfertigen zu müssen, sondern können die Verantwortung auf alle Beteiligten verteilen. Was passiert aber, wenn wir uns mit einer Gruppe konfrontiert sehen, die offensichtlich falsch agiert?
Solomon Asch (1951, 1955 sowie 1956) führte in diesem Zusammenhang mehrer Experimente zum menschlichen Konformitätsverhalten durch. Er konnte aufzeigen, dass der Zwang der Gruppe eine Person so beeinflussen kann, dass sie eine offensichtlich falsche Aussage, als richtig bewertet. Versuchsteilnehmer (eine Gruppe Studenten) erhielten die Aufgabe, in einem Wahrnehmungsexperiment, die Länge von Strichen einzuschätzen.

Eine Musterlinie sollte mit drei weiteren Linien verglichen werden. Die Aufgabe bestand darin einzuschätzen, welche dieser drei Vergleichslinien genauso lang wie die Referenzlinie war. Eine der drei Linien war immer gleich lang und die zwei weiteren eindeutig kürzer oder länger. Jede Gruppe bestand nur aus einer Versuchsperson – alle anderen erhielten vorher Instruktionen, fehlerhafte Antworten anzugeben. 76% der Versuchspersonen schließen sich dieser offensichtlich falschen Meinung der Mehrheit an, während in der Kontrollgruppe keinerlei Fehler gemacht wurden. Hier erhielt kein Teilnehmer vorab Weisungen zu falschen Antworten.

Je größer die Gruppe ist, die uns beeinflusst, desto größer die Wahrscheinlichkeit, dass wir uns der Auffassung der Herrschaftsmeinung anpassen. Umso mehr Menschen eine bestimmte Meinung vertreten, umso höher steigt auch die Konformitätsrate an. Werden wir zudem noch in unserem konformen Verhalten durch Belohung (Anerkennung) verstärkt, verhalten wir uns auch in zukünftigen vergleichbaren Situationen entsprechend der Majorität. Menschen mit einem hohen Selbstwertgefühl sind allerdings weniger empfänglich für derartige Beeinflussungen.

Unser Verhalten und unsere Überzeugungen müssen aber übereinstimmen, damit wir uns und andere als Ganzheit wahrnehmen. Wie verarbeiten wir also auftretende Widersprüchlichkeiten? Neben der bewussten Verarbeitung, besteht insbesondere bei einer inneren Verarbeitungsunsicherheit – aufgrund ihrer Selbstwertrelevanz – die Gefahr der psychischen Abwehrreaktion. Eine Wechselhaftigkeit zwischen subjektiver Überzeugung und tatsächlichem Verhalten weist beispielsweise auf, wer die Auffassung vertritt, dass die Umwelt geschützt und erhalten werden muss und sich gleichzeitig politisch abstinent zeigt. Der Grad der subjektiven Betroffenheit und Bedeutsamkeit bestimmt, inwieweit wir mit unserer Inkonsequenz leben können. Das „Eigentlich – aber – Schema" kann im schlimmsten Fall aber auch zu einer psychosomatischen Erkrankung führen (Erikson 1984).

Charakteristische Merkmale für die Verinnerlichung moralischer Einstellungen sind unsere Überzeugungen gegenüber anderen zu vertreten, und gleichzeitig bei erlebter Unbeständigkeit emotionale Reaktionen zu verspüren (Montada 1990). Entscheidend ist, dass wir unsere Empfindungen wahrnehmen. Können wir diese anderen gegenüber offenbaren, so besitzen wir die Fähigkeit, nach unseren eigenen Gefühlen und Bedürfnissen zu handeln. Wer zudem noch in der Lage ist, im Widerspruch zueinander stehende Gefühle und Bedürfnisse zu erkennen, kann bewusste Entscheidungen treffen (Perls 1979 sowie Cohn 1980).

In der Individualität eines Menschen liegt sowohl Unverkennbarkeit als auch das Bewusstsein einzigartig, originell und unersetzlich zu sein. Unterscheidet sich eine Person jedoch vom Durchschnitt seiner Bezugsgruppe, bewerten wir die entsprechenden persönlichen Merkmale als Besonderheit. Ein hellblondes Kind hat in südlichen Ländern einen Seltenheitswert und erregt Aufsehen (McGuire 1976). Charakterisiert sich eine Person eher anhand abweichender, unverkennbarer und sozial auffallender Merkmale oder sind es letztlich die engen zwischenmenschlichen Beziehungen, die es uns ermöglichen, stark ausgeprägte Einzigartigkeit wahrzunehmen? Obwohl das Individuum nach Unterscheidung von der Gruppe sucht, um das eigene Besondere hervorzuheben, ist jeder Mensch bestrebt, soziale Gleichbehandlung zu erfahren. Die Gleichwertigkeit als Integritätsaspekt meint unser Bewusstsein, anderen ebenbürtig zu sein. Das Gefühl von *Gleichberechtigung* ist identitätsrelevant. Dieses gilt es immer wieder erneut herzustellen, ansonsten drohen Minderwertigkeitsgefühle oder der Eindruck, höherwertig zu sein. Beide Selbstüberzeugungen bedrohen unsere Identität.

Das Selbstkonzept weist keine für alle Menschen einheitliche und allgemeingültige Struktur auf. Hierin liegt die Schwierigkeit, aber auch die Herausforderung. Unser Selbstwertgefühl entsteht aus den Generalisierungen unserer erfahrungsabhängigen Selbstbewertungen. Wohlbefinden, Selbstzufriedenheit, Selbstakzeptanz sowie Selbstachtung, das Erleben von Sinn und Erfüllung, Selbstständigkeit und Unabhängigkeit sind Komponenten des Selbstwertgefühls. Eine Beeinträchtigung des Selbstwertgefühls erfahren wir bei Unbehagen, Selbstunzufriedenheit bis hin zur Selbstverachtung. Das Erleben von Leere und Sinnlosigkeit sowie von Unselbstständigkeit und Abhängigkeit deutet auf eine Herabwürdigung des eigenen Selbst hin. Einfach ausgedrückt: Das Selbstwertgefühl ist die Zahl der Erfolge pro Zahl der Versuche (Haußer 1995).

Wie und wodurch entwickeln wir genau ein generalisiertes Selbstwertgefühl? Die Quellen des Selbstwertgefühls sind unterschiedlicher Art. Es ist z. B. denkbar, dass ein Mensch auf der Grundlage seiner Selbstwahrnehmung eine an eine Situation gebundene Selbstbewertung zu einem Selbstwertgefühl generalisiert. Beispielsweise kann der Verlust des Lebenspartners bei dem/der Hinterbliebenen eine schwere Identitätskrise auslösen. Das durch das Verlusterlebnis anhaltende Trauergefühl kann mit einem negativen Selbstwertgefühl in Verbindung mit Sinnlosigkeitsgefühlen und Leere einhergehen. Auch bewertet eine Person ihre Selbstkonzepte. Hierauf baut das Selbstwertgefühl auf. Beispielsweise kann die Erkenntnis bezüglich der eigenen Inkonsequenz im beruflichen Bereich zu einem stabilen Gefühl des Unbehagens führen. Neben der Bewertung von Selbstkonzepten baut sich das Selbstwertgefühl auch aus der Bewertung generalisierter Kontrollüberzeugungen auf. So begünstigt und beeinflusst die Erfahrung einer erfüllten und respektvollen Partnerschaft das Gefühl der Selbstakzeptanz und Selbstachtung.

Eine Schädigung des Selbstwertgefühls erfahren wir durch besonders hochgesteckte Ansprüche an die eigene Person. Geringere Selbstansprüche lassen sich hingegen leichter erfüllen und gehen häufiger mit Erfolgserlebnissen einher. Gegenwärtige negative Selbstwertgefühle, die sich auf bestimmte Personen oder Situationen zurückführen lassen, können durch positive Erlebnisse kompensiert werden. Es soll jedoch nicht der Eindruck entstehen, dass an dieser Stelle ein generelles oder universelles Bedürfnis nach Selbstwerterhöhung postuliert wird. Vielmehr soll deutlich werden, dass das Selbstwertgefühl vor bedrohlichen Selbstbewertungen schon während eines subjektiv bedeutsamen Erlebnisses durch Abwehrmechanismen geschützt werden kann. Dennoch hat die Selbstwertforschung nachgewiesen, dass schon bei der Selbstwahrnehmung „dienliche" Selbstwertverzerrungen auftreten. Menschen mit einem hohen Selbstwertgefühl neigen demnach zur Unterdrückung und Menschen mit einem niedrigen Selbstwertgefühl zur Aufnahme von Informationen, die persönlich unangenehm aufgefasst werden können.

Aber was liegt zwischen Narzissmus und Selbstverachtung? Nur eine sich an der Realität orientierende Erfahrungsverarbeitung kann hier ein Gleichgewicht herstellen.

Unser Selbstwertgefühl steht mehr oder minder stark unter dem Einfluss von Fremdbewertungen, die wiederum unsere Selbstbewertung beeinflussen. Unser sog. *Soziales Selbst* wird von außen, also von anderen Personen definiert (James 1890). Neben Individualität und biografischer Unverwechselbarkeit, müssen wir uns auch sozial anpassen und uns von anderen bestätigt sehen. Die Rückmeldung durch den sozialen Spiegel spielt also eine entscheidende Rolle.

Unsere bestehende Identität steht in einer laufenden Wechselwirkung zu neuen Erfahrungen, die die aktuelle Identität entweder bestätigen oder in ihren Grundfesten verunsichert. Wir können unsere bestehende Identität an neue Erfahrungen anpassen (*Assimilation*). Dies geschieht zum Beispiel durch Selbstrechtfertigung, abwehrende Rigidität, mangelnde Einsicht und Identitätsprojektion. Wenn wir aber unsere Identität im Sinne neuer Erfahrungen angleichen und verändern (*Akkomodation*), tun wir dies durch Selbstevaluation und die Beschäftigung mit Identitätsalternativen. Beides ist selten in einem Gleichgewicht. Vielmehr können zwei Formen des Ungleichgewichts entstehen. Neigt eine Person zur Identitätsassimilation, werden die neuen Erfahrungen in einem hohen Maße an die bereits bestehende Identität angepasst. So kann beispielsweise eine stark eingeschränkte und egozentrische Selbstwahrnehmung, einhergehend mit einem generalisierten Selbstwertgefühl, zu einer Verdrängung und Leugnung situativer Misserfolge führen. Eine solche Person weigert sich konsequent Fehlschläge anzuerkennen. Gegenteilig könnte ein zurückhaltender Mensch mit einem negativen Selbstwertgefühl, entsprechend der sozialen Erwünschtheit, seine Meinungsäußerungen den Auffassungen der Menschen in seinem Umfeld anpassen. In diesem Fall dominiert die Identitätsakkomodation. Eine solche Person übernimmt unreflektiert, was ihr von vermeintlichen Autoritäten oder der Gruppe vorgeschrieben wird. Das anzustrebende Ziel der Identitätsentwicklung eines Menschen sollte allerdings in einem Gleichgewicht beider Extreme liegen. Die Voraussetzung hierfür sind folgende Grundüberzeugungen:

„Ich sehe mich richtig!“ (*Selbstkonzept*)

„Ich fühle mich dabei gut!“ (*Selbstwertgefühl*)

„Ich bringe etwas zustande!“ (*Kontrollüberzeugung*)

Die Ansprüche, die wir an uns selber stellen, die Prüfung derselben an der Realität und die Herstellung des Selbstwertgefühls sind motivierende Handlungsimpulse. Wir müssen innere Verpflichtungen eingehen, um ein

Gleichgewicht zwischen den eigenen und den äußeren Ansprüchen aufrechtzuerhalten (Whitbourne, Weinstock 1986).

Auf einen Blick

- Wir kommunizieren immer auf Sach- und Beziehungsebene.
- Wir müssen sowohl unsere eigene Rolle erkennen, als auch die Rollenerwartung der Umwelt an uns.
- Sind unsere Mitteilungen in sich stimmig, so besteht eine geringe Konfliktgefahr.
- Kommunikation ist mehrdeutig und kann unterschiedlich entschlüsselt werden.
- Haben wir ungelöste Konflikte miteinander, wird unsere Kommunikation stark gestört.
- Kontrollüberzeugungen stärken unser Selbst und unsere Gewissheit, handlungsfähig zu sein.
- Persönlichen Gewissheiten können sich genauso wandeln wie individuelle Handlungsmuster.
- Entscheidend für unsere Identität ist, dass wir unsere Empfindungen wahrnehmen.
- Das Gefühl von Gleichberechtigung ist identitätsrelevant.

3
Wie wir uns in der Welt zurechtfinden
Oder: Warum nehmen wir Rollen ein?

„Der wahre Beruf eines Menschen ist,
zu sich selbst zu kommen." (H. Hesse)

Die Bedeutung des Identitätsbegriffs ist, wie bereits festgestellt, breit gefächert und vielseitig auslegbar. Neben der persönlichen und sozialen Identität verfügen wir alle über eine *physische Identität.* Diese äußert sich z. B. an der Hautfarbe, am Geschlecht und besonderen optischen Auffälligkeiten. Merkmale der sozialen Identität sind Rollen, die wir im Laufe unseres Lebens einnehmen. Während z. B. das Muttersein eine allgemeine Rolle ist, stellt das Amt des Oberhaupts der römisch – katholischen Kirche eine einmalige Rolle dar. Hingegen bezieht sich die *psychologische Identität* auf eine personale Ebene und umfasst unsere individuellen und einzigartigen Persönlichkeitsmerkmale.

Im Zuge der Modernisierung haben sich, bezüglich der Kriterien des Phänomens Identität, Veränderungen vollzogen. Als Folge von zunehmender Anonymisierung kann der Beobachter einer fremden Person nur ungenau dessen soziale Identität und schon gar nicht dessen personale Identität feststellen. Auch haben sich durch soziale Differenzierungsprozesse Berufs- und Familienrollen stark erneuert. Wir sehen uns mit widersprüchlichen Erwartungen konfrontiert. Die Berufsrolle fordert konträr zur Familienrolle andere idealtypische Orientierungen und Handlungsmuster. Besonders Frauen sind hiervon betroffen. Der rasante soziale Wandel in den politischen Wertesystemen erschwert es, sich selbst als Einheit wahrzunehmen und Kontinuität zu erleben. Zudem scheint es, als nehme die Ignoranz gegenüber fremden Menschen in unserer Gesellschaft zu. Angesichts der unterschiedlichen und gegenteiligen

Rollenerwartungen, die an die eigene Person gestellt werden, beanspruchen wir mehr denn je ein inneres Kontinuitätsgefühl.

Identität, als Abfolge verschiedener Entwicklungsprozesse, erfordert in der Jugendphase und im Erwachsenenalter eine inhaltliche Entscheidung für Beruf, Partner und Weltanschauung. Hat die Identität des Kleinkindes noch einen natürlichen Charakter, mündet die Rollenidentität des Heranwachsenden, mit einer erfolgreich verlaufenden Krisenlösung, innerhalb der Jugend in der *Ich – Identität* des Erwachsenen. Zur erfolgreichen Krisenlösung ist besonders die Bindung an moralischen Prinzipien hervorzuheben (Döbert 1975).

Individualität als unser Bestreben hinsichtlich verschiedener Interessen und Lebensstile, sichert uns scheinbar Einzigartigkeit und Unaustauschbarkeit. Dennoch bleibt die schmerzliche Erfahrung nicht aus, dass alle Versuche Einmaligkeit zu erzeugen durch Imitationen, Kopien oder Kommerzialisierung aufgehoben werden können. Einzigartigkeit erreichen wir nur durch das tatsächliche Interesse an einer Sache (Elster 1985). Auch schaffen wir durch widerspruchsfreies Umschreiben der eigenen Erinnerungen eine Autobiografie, die die eigenen vergangenen Entscheidungen und Handlungen in einen sinnschlüssigen Kontext integriert. Durch Motivationen (Urvertrauen) und Inhalte (wichtige Entscheidungen im eigenen Lebenslauf) begründen wir einen Sinnzusammenhang, der uns ein Geschlossenheitsgefühl erfahren lässt. Unsere Gewissheit der eigenen Unaustauschbarkeit ist also voraussetzend für ein Gefühl von Einzigartigkeit und innerer Sicherheit. Unaustauschbarkeit und Einzigartigkeit stellen sich aber nicht – wie gerne angenommen – durch ein erfolgreiches Leben oder einen exotischen Lebensstil ein. Bei einer Untersuchung von erfolgreichen Harvardstudenten, deren Leben auf den ersten Blick beneidenswert erscheint, litten überraschend viele unter Sinnlosigkeitsgefühlen (Keniston 1965). Es bedarf also vielmehr an Eigenengagement in einer subjektiv bedeutsamen Sache, um ein persönliches Gefühl von Einmaligkeit zu erleben.

Die Gegenwart der Frage nach der eigenen Identität in westlichen Gesellschaften liegt in der Unsicherheit vieler Menschen begründet. In modernen Kulturen sehen wir uns damit konfrontiert, nicht zu wissen, was, wie und ob wir überhaupt unsere personale Identitätsfrage klären sollen oder können. Oft sehen sich die Menschen bei dem Überdruss an offerierten Möglichkeiten gar nicht in der Lage dazu. Beide Geschlechter aller Altersklassen in allen erdenklichen Lebenslagen sehen sich dem modernen Identitätsproblem gegenübergestellt. Unsere Lebenszusammenhänge werden insgesamt immer differenzierter und komplexer. Die Identitätsentwicklung zieht sich durch unsere gesamte Lebensspanne. Wir benötigen dringend *Grundstärken* und *Ich – Qualitäten*, um autonom, kreativ und sozial leben zu können. Hierzu sollten wir in unseren ersten Lebensmonaten zuversichtlich *Hoffnung* schöpfen, um einen eigenen *Willen* entwickeln zu können. Im Laufe der weiteren Entwicklung sollten sich besonders *Entschlusskraft* und *Kompetenz* ausbilden. Die zentrale Grundstärke in der Pubertät ist die *Treue*, während wir als erwachsene Menschen zur *Liebe* und *Fürsorge* und im Alter zur *Weisheit* finden sollten (Erikson 2002).

Das Gefühl eine Einheit zu sein und sich selbst als Eins zu spüren ist ein zentrales Merkmal von Identität. Wir müssen orientierungsfähig, handlungsfähig und interaktionsfähig sein. Hierdurch strukturieren sich unsere Erfahrungen und Erwartungen an andere und auch an uns selbst. Unsere personale Identität steht in einem engen Zusammenhang zu unseren Erinnerungen (sowohl korrekte als auch irrtümliche) und unserem Charakter. Sind wir aber nur, weil wir uns erinnern, immer ein und dieselbe Person? Was ist wenn unsere Erinnerungen und unsere

Charaktereigenschaften, denen einer anderen Person bedeutsam ähneln? Sind die Grenzen fließend? Am Beispiel der Körperlichkeit: Wie viel von einem Körper oder von dem Gehirn einer Person muss eine andere Person i. S. eines kontinuierlichen Zusammenhangs haben, um diese andere Person zu sein (Swinburne 1999)? Ist die Frage nach Identität immer zu beantworten? Selbst wenn wir glauben, dass eine Vielzahl von Kriterien der personalen Identität nicht zu erfassen ist, so gehen die meisten Menschen doch davon aus, dass unabhängig davon, was zwischen dem jetzigen Zeitpunkt und einem späteren geschieht, sie zukünftig entweder existieren oder nicht existieren werden.

Um zu beantworten, wer wir sind, müssen wir bedeutsame persönliche Fragen, wie beispielsweise solche nach Überleben, Erinnern und Verantwortung klären. Diese wichtigen Fragen setzen die Reflexion unserer personalen Identität voraus. Aber kann eine Person (*P1*) die Erinnerungen und Charaktereigenschaften einer anderen Person (*P2*) übernehmen? Hierzu ein kontroverses Beispiel: Wir nehmen an, dass das Gehirn eines Mannes (*P1*) in den Körper einer anderen Person (*P2*), die über kein Gehirn verfügt, transplantiert wird. Der resultierende Mensch *P3* verfügt nun über Charakter und biografische Erinnerungen von *P1* (Parfit 1999). Ein ähnliches Gedankenspiel vollzieht Wiggins (1967), indem er sich vorstellt, sein Gehirn wäre in zwei gleich große Hälften geteilt, wobei dieselben in zwei unterschiedlichen Körpern hausen. Beide resultierenden Personen verfügen gleichermaßen über Charakter und Erinnerungen seiner selbst. Er räumt drei Möglichkeiten ein, was nun mit ihm passieren könnte:

(1) Ich überlebe nicht.
(2) Ich überlebe als eine der beiden Personen.
(3) Ich überlebe als beide Personen.

Tatsächlich gibt es in der Medizin Fälle, in denen ein Mensch beim Ausfall bzw. Zerfall einer Gehirnhälfte mit der anderen Hälfte überlebt hat. Also überlebt Wiggins in seinen Überlegungen auch mit nur einer erfolgreich transplantierten Hälfte. Ein vollständiges Überleben ist aber erst dann gesichert, wenn die andere Gehirnhälfte ebenfalls erfolgreich transplantiert wurde. In diesem Fall bliebe aber fraglich, welche Person *mehr* Wiggins ist, da beide Hälften vorab gleich geteilt wurden.

Plausibler erscheint die Vorstellung einer Person, die simultan zwei Erfahrungen erlebt – ohne dies bewusst wahrzunehmen. Um z. B. Epilepsie zu heilen, trennte man früher die Hirnhemisphären. Bei einer solchen Trennung teilt sich das Bewusstsein in zwei „Ströme". Während beide Bewusstseinsströme bis zum Zeitpunkt der Teilung in einer kontinuierlichen Verbindung zueinanderstanden, wird die Bewusstseinsteilung selbst nicht wahrgenommen. Was verändert sich dann? Jedes Bewusstsein kontrolliert jeweils eine Hälfte des Körpers des Betroffenen. Dennoch erlebt der Patient vermutlich, was in beiden Hälften passiert. Es bleibt aber fraglich, wie die eine Hälfte von den Erlebnissen der anderen erfährt. Angesichts dieser Überlegung drängt sich unweigerlich die Frage auf, was denn passieren würde, wäre ein Geist auf Dauer voneinander getrennt. Beide Hälften würden unterschiedliche Erfahrungen machen und dieselben *nicht* untereinander austauschen. Eine derart unabhängige Entwicklung voneinander verbietet es förmlich, beide Hälften als eine Person zu bezeichnen. Beide Personen würden aufgrund ihrer getrennten Leben unterschiedliche Erlebnisse erfahren, in einen anderen sozialen Kontext eingebunden sein und sich getrennt voneinander physisch und psychisch entwickeln. Sie wären Individuen. Unsere Identität definiert sich aber nicht ausschließlich durch unsere individuellen Persönlichkeitsmerkmale.

Um die eigene Person zu kategorisieren, stehen uns viele Definitionsräume zur Verfügung. Die Identitätsforschung beschäftigt sich z. B. mit Definitionsräumen wie Körper, Beruf, Jugend, Alter, Nationalität, Kriminalität und Gesundheit.

Wesentlich für das Bedeutungsprofil einer Person als Identitätsträger ist der Umgang mit Widersprüchen und Unterschieden. Besonders in der Kindheits- und Jugendphase werden wir mit solchen konfrontiert. Spätestens in unserer Schullaufbahn erfahren wir Leistungsdifferenzen. Differenziert eine Schule ihre Schüler/innen in A – und B – Kurse, so wird zwar die Gruppenidentifikation nachweislich erhöht, allerdings besteht die Gefahr, dass die Schüler/innen des A – Kurses ein Überlegenheitsgefühl gegenüber denen des B – Kurses entwickeln, und dasselbe insoweit generalisieren, dass sie einen Zusammenhang zwischen den Leistungen eines Schülers und seinen Persönlichkeitsmerkmalen sehen.

Wie stabil das Selbstvertrauen bezüglich der eigenen Leistungen ist, ist in starkem Maße von unseren Erfahrungswerten abhängig. Auch spielt die Zeitspanne der ggf. positiven oder negativen Erlebnisse eine relevante Rolle. Die Überzeugung eines Schülers, seit Jahren ein guter Schüler zu sein, ist bedeutend abwehrfähiger gegenüber Negativerfahrungen, als die eines Schülers, der erst seit kurzer Zeit an seine Fähigkeiten glaubt. Durch die Mitgliedschaft eines „höherwertigen“ Ergänzungskurses können negative Erfahrungen aufgehoben werden. Während eine solche Kompensationsmöglichkeit den Schüler/innen des „minderwertigen“ Grundkurses häufig verwehrt bleibt. Die Beeinflussung des Selbstkonzepts aufgrund vergangener Leistungen und entsprechender Leistungsdifferenzen fördert oder beeinträchtigt das Selbstwertgefühl. Da Schüler/innen darüber hinaus die Zuteilung in einen Leistungskurs als schulabschlussrelevant bewerten, ist zu folgern, dass Leistungsdifferenzen auf eine diskriminierende Weise Einfluss auf die Identitätsentwicklung nehmen.

Unsere Motivation, Leistung zu erbringen, kann aus Gründen von anhäufenden Erlebnissen des Misserfolgs sinken und sich im Zuge dessen stabilisieren. Um das Selbstwertgefühl zu sichern, bedienen sich leistungsschwache Schüler/innen bestimmter Identitätsstrategien. So kann z. B. das Abgrenzen von leistungsschwächeren Schülern, die die Förderschule besuchen, eine heilsame Wirkung haben. Auch das Entwickeln negativer Stereotypen von Abiturienten, kann eine identitätsstabilisierende Wirkung haben. Trotz aller Abwehrmechanismen erleben viele Schüler/innen – unabhängig von der besuchten Schulform – das Wiederholen einer Klasse als massive Kränkung. Die Folgen des Schulversagens haben eine demotivierende Wirkung und können darüber hinaus beim Betroffenen Schulangst auslösen. Es wird angenommen, dass das „Sitzen – Bleiben" einen Großteil der Schüler/innen stark betroffen macht und sie an sich selbst und ihren Fähigkeiten generalisiert zweifeln lässt. Diese identitätsrelevante Erfahrung kann bei weiteren Misserfolgen in einem Vertrauensverlust der eigenen Fähigkeiten und Motivationen münden. Der Schüler hat nun zwei Möglichkeiten mit seinem Schulversagen umzugehen. Neben der permanenten und ggf. aggressiven Störung des Unterrichts (*Auflehnung/Reaktanz*) kann er die negative Beeinflussung durch schulische Erfahrungen mit außerschulisch orientierten Aktivitäten (*kognitive Umstrukturierung/Bedeutsamkeitsverschiebung*) ausgleichen. Die letzte Reaktionsmöglichkeit verschafft ihm im besten Fall ein neues positives Fähigkeitsselbstkonzept und hilft das verletzte Selbstwertgefühl auszugleichen und wieder aufzubauen (Haußer 1995).

Wir spüren alle das Bedürfnis nach *Selbstwertherstellung* und *Realitätsprüfung*. Besonders realitäts- und identitätsrelevant ist die Rückmeldung über den sozialen Spiegel. Die soziale Umwelt teilt uns verbal und nonverbal Erwartungshaltungen mit. In der Schule werden wir nicht ausschließlich über die Leistungsbewertungen beurteilt, auch teilt uns die Lehrperson spezifische Erwartungshaltungen über zukünftig zu erbringende Leistungen mit.

In einem Schulexperiment konnte nachgewiesen werden, dass Lehrpersonen den Schüler/innen, bei denen sie eine besonders schnelle Entwicklung erwarteten, mehr Aufmerksamkeit schenkten. Die Versuchleiter fingierten eine Liste voller zufällig ausgewählter Schüler/innen und bescheinigten denselben, gegenüber der Lehrperson, besondere Fähigkeiten im Vergleich zu den anderen Schülern. Es zeigte sich der sog. *Rosenthaleffekt*. Bei den „Erwartungsschülern" stellten sich ein Intelligenzzuwachs und ein entsprechender Erfolg der schulischen Leistungen ein. Die Untersuchung hat gezeigt, dass Lehrpersonen gegenüber „Erwartungsschülern" eine deutlich höhere positive Erwartungshaltung haben. Diese zeigt sich in leistungsfördernden Handlungsschemata im Unterricht gegenüber den „Auserwählten". Die Schüler/innen erlebten durch die Verinnerlichung der Erwartungen einen motivationalen Effekt und verbesserten ihre Leistungen (Rosenthal, Jacobsen 1974).

Hingegen ist eine negative Erwartungshaltung verheerend für unsere Identitätsentwicklung. Dabei ist bedeutungslos, ob diese einheitlichen negativen Erwartungen der sozialen Umwelt bösartig gemeint sind oder nicht. Unser Selbstbild ist entscheidend. Entwickeln wir es auf der Grundlage negativer Einflüsse, so leiden sowohl unser Selbstwertgefühl als auch unsere Leistungen. Entsprechend fallen unsere Selbsterwartungen bezüglich unserer zukünftigen Leistungen aus. Die Erwartungen vonseiten unserer sozialen Umwelt sind zudem ausschlaggebend für unser Fähigkeitsselbstkonzept. Der Einfluss der Erwartungen ist allerdings dann wirksamer, wenn er von bedeutsamen Menschen ausgeübt wird. Fühlen wir uns unfähig und klein, so können nur Zuwendung und Zuspruch eines vertrauten Menschen helfen. Vermittelt die Bezugsperson, dass ihre Zuneigung unabhängig von den erbrachten Leistungen beständig ist, wird unser Selbstwertgefühl wieder gestärkt.

Schulischen Erfolge und/oder Misserfolge sind für das Fähigkeitsselbstkonzept entscheidend. Die Schullaufbahn beeinflusst darüber hinaus auch die berufliche Ausbildung, die an den Schulabschluss gekoppelt ist. Durch die ansteigende Besserqualifizierung seit den 50er Jahren in Deutschland erleiden mittlere und höhere Schul- und Berufsabschlüsse Statuseinbußen. Bildung wird immer weniger als Chance, als vielmehr als Muss wahrgenommen, um eine adäquate berufliche Platzierung erreichen zu können (Geissler 1992). Der Beruf steht in der Moderne aus Gründen der gesellschaftlichen Individualisierung und des Statusgewinns im Vordergrund.

Als Berufstätige übertragen wir Eigenschaften unserer beruflichen Rolle in andere Lebensbereiche. So äußern sich berufliche Eigenheiten auch im Verhalten mit anderen berufsfremden Personen. Wir deuten, verarbeiten und bewältigen Arbeitsbedingungen und Eigenschaften, die unser spezifischer Beruf fordert. Die Verinnerlichung bestimmter Arbeitsplatzcharakteristika lässt uns von der Berufsrolle auf den Rollenträger schließen. Das soziale Umfeld verbindet mit einem bestimmten Beruf auch entsprechende Vorstellungsmuster. Selbstachtung und Selbstwertgefühl findet die eine Person stärker im Privatleben, der Familie und bei Freunden, während sich andere eher durch den Lebensbereich „Arbeit“ Sinnhaftigkeit des eigenen Daseins verschaffen (Frey, Haußer 1987).

Bekanntlich idealisieren viele Menschen (speziell Kinder und Jugendliche) einen speziellen Berufswunsch. Meist aufgrund mangelnder oder fehlerhafter Informationen bezüglich der Zugangsvoraussetzungen oder aus Vermeidungsgründen, um sich mit dem beruflichen Alltag und den entsprechenden finanziellen und existenziellen Sorgen nicht auseinandersetzen zu müssen. Der Berufsfindungsprozess hat seinen Ursprung meist in einer diffusen oder zerstreuten beruflichen Identität, die allerdings durch ausreichend Erfahrung geheilt werden kann.

Basis für eine Identifizierung mit unserem Beruf ist, dass wir ihn als attraktiv empfinden. Zufriedenheit bei der Arbeit, die meist täglich verrichtet wird, ist voraussetzend für eine beständig erlebte Persönlichkeit. Mehr denn je trifft dies auch auf Frauen zu. Neben den Männern wollen sie als gleichberechtigt gelten und in ihrer Leistungsfähigkeit und Individualität anerkannt werden.

Die Geschlechterdifferenzierung ist grundlegend für unsere Identität. Während die Natur bestimmt, ob wir männlich oder weiblich sind, legt die Kultur fest, was es bedeutet, männlich oder weiblich zu sein (Merz 1979).

Die biologischen Geschlechtsunterschiede zeigen sich an den geschlechtsspezifischen körperlichen Erscheinungszeichen. Unsere Geschlechtszugehörigkeit beeinflusst neben dem Sexualverhalten auch die Persönlichkeitsentwicklung und die soziale Interaktion. Auch sind mit dem Geschlecht gesellschaftliche Rollenerwartungen und Differenzierungen verbunden. Das Geschlecht ist also zentraler Definitionsraum für die Identitätsentwicklung. Biologische, soziokulturelle und individuelle Faktoren sind entscheidende Bestandteile bei der komplexen Entwicklung der Geschlechteridentität. Aus unserer Innenperspektive meint Geschlechtsidentität die überdauernde Selbstwahrnehmung als männlich oder weiblich. Die geschlechtsspezifische Selbstwahrnehmung kann sich sowohl auf physische Merkmale als auch auf soziale Faktoren (Fähigkeiten, Interessen, Persönlichkeitseigenschaften, Sozialverhalten) konzentrieren. Neben einer *emotionalen* Komponente i. S. einer gefühlsgeleiteten Bewertung des eigenen Geschlechts bzw. geschlechtsspezifischer Eigenschaften beinhaltet die Geschlechtsidentität auch ein *verhaltensmäßiges* Element, nach dem wir uns in unserem Verhalten an den gesellschaftlichen Erwartungen und Rollenstandards orientieren.

Die klassische Vorstellung von *Männlichkeit* und *Weiblichkeit* schrieb lange vor, beide als gegensätzliche Pole zu behandeln.

Als männlich galt, wer sich

aggressiv, aktiv, dominant, ehrgeizig, erfolgreich, grob, kompetent, leistungsorientiert, mutig, rational, selbstständig, selbstsicher, sorglos, stark und *unternehmungslustig* verhielt.

Weiblichkeit machte sich an den Eigenschaften

ängstlich, beeinflussbar, emotional, empfindsam, freundlich, passiv, redefreudig, sozial orientiert, schüchtern, schwach, unselbstständig, verträumt, warmherzig und *mütterlich* fest.

Heute ist es hingegen üblich, Menschen sowohl feminine als auch maskuline Eigenschaften zuzuschreiben. Es hat sich ein Wandel in der Bewertung der Verhältnisse männlicher und weiblicher Eigenschaften vollzogen. Unsere Geschlechtsidentität ist das Ergebnis einer Kette biologischer und sozialer Prozesse. Die chromosomale Differenzierung in XX und XY ist die Grundlage der *biologischen Definition* des Geschlechts. Entscheidend für die Identitätsbildung ist aber die *soziale Definition*. Die Identifikation mit dem eigenen Geschlecht kann durch zusätzliche Merkmalsunterscheidungen vonseiten der sozialen Umwelt ausdrücklich betont und gefördert werden. So können der Geschlechteridentifizierung dienenden Merkmale (z. B. geschlechtsspezifische Namen, Kleidungsstücke und Frisuren) herausgestellt werden. Werden uns zusätzlich noch geschlechtstypische Rollenerwartungen von außen auferlegt, so verstärken sich die männlichen oder weiblichen Verhaltensunterschiede. Diese Unterschiede haben wesentlichen Einfluss auf unsere Selbstdefinition. Unsere ganz persönliche Definition des Geschlechts ist also durch unsere biologische und soziale Entwicklung gekennzeichnet, wobei unser Aufbau der Geschlechtsidentität nicht endgültig ist. Vielmehr sind wir aktiv daran beteiligt. Wir suchen in unserer sozialen Umgebung instinktiv nach regelmäßigen Merkmalen, die entsprechend zugeordnet werden können. Die gefundenen geschlechtsspezifischen Informationen werden dann je nach individuellem Entwicklungsstand verarbeitet. Eine unsere Geschlechterdifferenzierung bestätigende Wahrnehmung bewerten wir als positiv und stabilisierend.

Die männliche und weibliche Identitätsentwicklung weist wesentliche Unterschiede in ihrem Aufbau und ihrer Veränderung auf. In der Kindheit kategorisieren wir uns selbst als „Junge" oder „Mädchen". Dazu müssen wir aber erst einmal zwischen unserer eigenen Person und der sozialen Wirklichkeit, die uns umgibt differenzieren können. Männliche bzw. weibliche Merkmale müssen wir erkennen und unterscheiden lernen. Es wird angenommen, dass schon im Säuglingsalter eine Differenzierung zwischen männlich und weiblich vorgenommen wird. Besonders unterstützend können hier die Eltern durch ihr beobachtbares Verhalten und ihr äußeres Erscheinungsbild sowie ihrer geschlechtsspezifischen Reaktionen dem Kind gegenüber sein. Anfänglich nehmen Kinder bis zum dritten Lebensjahr das äußere Erscheinungsbild wahr und bewerten bzw. kategorisieren es entsprechend. Erst im Verlauf des Vorschulalters erweitern sich die Strukturen und die Kinder sind in der Lage Personen, Gegenstände, Aktivitäten und ihre Selbsteinschätzung differenzierter im Hinblick auf Geschlechtsunterschiede zu beurteilen. Das Wissen über spezifische Geschlechterrollenmerkmale nimmt bedeutsam zu. Gleichgeschlechtliche Interaktionspartner und Verhaltensmodelle gewinnen an Bedeutung. Die Geschlechtsidentität erfährt mit unserer Erkenntnis, dass die Geschlechtszugehörigkeit keine Veränderung erlebt, eine identitätsstabilisierende Festigung. Im Grundschulalter entwickelt sich dann unser umfassendes Verständnis für die Geschlechtszugehörigkeit. Zwischen dem siebten und elften Lebensjahr können wir zwischen äußerer Erscheinung und erschlossener Wirklichkeit unterscheiden. Im Laufe unserer weiteren Entwicklung erkennen wir, dass die Geschlechter auch Gemeinsamkeiten aufweisen (Trautner 1987).

In der Jugendphase und im Erwachsenenalter stehen für uns neue Entwicklungsaufgaben bei der Geschlechtsidentitätsentwicklung im Zentrum. Dauerhafte Partnerbeziehungen und die familiäre und berufliche Rolle verschieben die zentralen Inhalte der Geschlechtsidentität. In unserer Jugendphase stehen körperliche Veränderungen im Mittelpunkt. Diese können ambivalente Gefühle auslösen. Einerseits nähern wir uns dem angestrebten Erwachsenendasein und andererseits gehen die beobachtbaren Veränderungen auch mit Ängsten, Befürchtungen und Schamgefühlen einher. Unsere Aufmerksamkeit konzentriert sich besonders auf die eigene Attraktivität und die Akzeptanz durch andere. Graduelle Unterschiede im Selbstkonzept, der Selbstwahrnehmung und im Verhalten können sowohl bei Mädchen als auch bei Jungen ausgemacht werden. Wie feminin, maskulin oder androgyn sie sich selber wahrnehmen, hängt in einem starken Maße von den Reaktionen und Bewertungen ihrer sozialen Umwelt ab (Katz 1979).

Die Entwicklung der Geschlechtsidentität im Erwachsenenalter ist besonders durch drei neue mögliche Entwicklungsaufgaben beeinflusst:

(1) das Eingehen einer dauerhaften Partnerbeziehung,
(2) die Übernahme elterlicher Pflichten und
(3) das Ausfüllen einer Berufsrolle (Trautner 2002).

Bei diesen Entwicklungsaufgaben spielen die immer noch vorherrschende Rollenunterscheidung von Männern und Frauen in familiärer und beruflicher Hinsicht eine entscheidende Rolle für die Identitätsentwicklung.

Als Erwachsene ist unser Verhaltensspielraum in einem stärkeren Maße festgelegt, als dies jemals in Kindheit und Jugend der Fall gewesen ist. Die immer noch vorhandenen Rollenaufteilungen von Männern und Frauen in Familie und Beruf verleihen der Geschlechtsidentität eine spezielle Bedeutung für die erwachsene Persönlichkeit. Es existieren unterschiedliche Bedeutungsinhalte für beide Geschlechter. Traditionell ist die männliche Identität durch die Rolle des „Geldverdieners" ausgefüllt und für die weibliche Identität ist die Rolle als „Ehefrau und Mutter" vorgesehen.

Während sich Jungen und Mädchen in der Kindheit insbesondere durch ihre Interaktionsstile voneinander unterscheiden, unterscheiden sich im Erwachsenenalter die sozialen Positionen von Männern und Frauen auch heute noch gravierend (Trautner 2002). Dennoch zeichnet sich ein sozialer Wandel der Frauenrolle ab. Frauen konzentrieren sich stärker auf ihre berufliche Rolle, höhere Ausbildungsgänge und entsprechende Berufsabschlüsse. Auch sinken die Zahlen typischer traditioneller früher Heirat und ökonomischer Abhängigkeit dem Ehemann gegenüber. Kaum ein anderes Gebiet zeigt den sozialen Wandel der letzten einhundert Jahre so anschaulich, wie das der Geschlechterrollen. Das äußere Erscheinungsbild der Frau hat sich hin zur Gleichberechtigung und Selbstständigkeit entwickelt. Die Frauen haben an Selbstwertgefühl und Selbstbewusstsein gewonnen und kontrollieren und gestalten ihr Leben sowie ihre Verantwortungsbereiche immer häufiger ebenso eigenständig und autonom wie die Männer. Besonders in den westlichen Ländern sind Frauen geistig und sozial zur vollwertigen Partnerin aufgestiegen. Während ihre rechtliche Gleichstellung durch die Frauenbewegung erkämpft wurde, können Frauen durch den medizinischen Fortschritt ihren Körper hormonell kontrollieren und damit ihre biologischen Abhängigkeiten verringern.

Aber auch das Selbstverständnis der Männer hat sich gewandelt. Sie legen mehr Wert auf partnerschaftliche Beziehungen und Kindererziehung. Es hat sich also eine Annäherung der Geschlechter vollzogen (Trautner 2002). Fraglich bleibt aber weiterhin, ob diese Verhältnisse tatsächlich gleichwertige Lebenschancen für Jungen und Mädchen bzw. Männer und Frauen bieten. Tatsächlich sind auch in modernen Gesellschaften die traditionellen Geschlechtsrollenstereotypen einer gleichgewichtigen Teilung der familiären und beruflichen Aufgaben nicht vollständig gewichen. Bei einer durchgeführten Befragung, zur Überprüfung der verschiedenen Dimensionen des Selbstbildes von 16 – jährigen Jungen und Mädchen, konnte überwiegend ein Selbstkonzept festgestellt werden, das entsprechend des Geschlechts typisch männliche oder typisch weibliche Persönlichkeitsdispositionen aufweist. Die Stichprobe machte deutlich, dass Mädchen dazu neigen, ihre Fähigkeiten durchgängig geringer einzuschätzen als die Jungen. Zudem beurteilten sie ihr Aussehen und ihre Begabungen weitaus kritischer. Diese negativen Urteile führen zu einem niedrigen Selbstwertgefühl. Mädchen richten ihre Selbstachtung besonders nach ihrer körperlichen Attraktivität, die an die Einschätzung und Bewertung der (männlichen) Gesellschaft gebunden ist (Fend 1991). Besonders in der Jugend- und Adoleszenzphase sind Mädchen mit ihrer optischen Erscheinung unzufrieden und orientieren sich an einem schwer erreichbaren und ggf. mit Erkrankungen verbundenen Körperideal. Die gängigen gesellschaftlichen Erwartungshaltungen und Rollenklischees münden in einer generalisierten Geringeinschätzung der eigenen Person. Seiner Zeit voraus machte Adler bereits 1927 in seiner Ersterscheinung des Werks *Menschenkenntnis* auf die Unterdrückung und Einschränkung der Frauen aufmerksam:

> „Es wird übersehen, daß [sic] dem Mädchen seit seiner Kindheit die ganze Welt mit einem Vorurteil in den Ohren liegt, das geeignet ist, den Glauben an seinen Wert, sein Selbstvertrauen zu erschüttern und

seine Hoffnung, je etwas Tüchtiges zu leisten, zu untergraben. Die Bedrückung der Frau und die Einschränkungen, denen sie heute noch unterworfen ist, sind für einen Menschen unerträglich“ (Adler 1995, 123).

Die Diskussion um die Benachteiligung und die Bildungsexpansion in den 60er Jahren hat die Situation entschärft. In den letzten Jahrzehnten haben sich entscheidende Wendepunkte zugetragen, die zu notwendigen Veränderungen im Erziehungs- und Bildungssystem geführt haben. Dennoch lassen einige Untersuchungsergebnisse aus der Forschung den Schluss zu, dass eine selbstbewusste Identitätsbildung i. S. einer Nutzung des eigenen Potenzials zwar in einem wachsenden, aber dennoch begrenzenden Maß von Frauen und Mädchen umgesetzt wird. Tendenziell brechen aber beide Geschlechter zunehmend mit den traditionellen Rollenvorstellungen.

Wir haben bislang festgestellt, dass die Bereiche Schule, Beruf und Geschlecht für unser soziales Ich von wichtiger Bedeutung sind. Ein weiterer entscheidender Aspekt für unsere Identität ist die Auseinandersetzung mit unserer (nationalen) Herkunft.

Die Idee des Nationalstaates ist in Europa schon Jahrhunderte alt. Seit der Reichsgründung 1871 hatte der Hass gegenüber Nachbarnationen Konjunktur. Der Nährboden für zwei weltweite Kriegskatastrophen war gegeben. Die Nachkriegszeit seit 1945 bis zur Vereinigung 1990 war geprägt von schweren Vorwürfen. Diese Bürde beeinflusst(e) die nationale Identität unzähliger Menschen.

„Deutschsein“ war besonders für viele junge Menschen primär mit dem Gefühl verbunden, faschistische Schuld tragen zu müssen, ohne sich tatsächliche schuldig gemacht zu haben. Erst durch den Niederriss der

Berliner Mauer und die Vereinigung der deutschen Grenze am 03. Oktober 1990 konnte eine innerdeutsche Bedrohung der „Nachbarn“ wesentlich gehemmt werden. Eine neue positive Identität stand im kollektiven Aufbau.

Besonders bei Menschen mit Migrationshintergrund besteht eine bikulturelle Inkonsistenz. Die Vermischung der Erfahrungen zu eigenen Normen, Werten und Lebensweisen führt dazu, dass das resultierende Selbstkonzept und die tatsächliche Lebenswelt viele Widersprüche in sich tragen. Der Zwiespalt der gefühlten inneren Verpflichtung gegenüber beiden Kulturen kann als hochgradig problematisch und identitätsverwirrend erlebt werden. Eine soziale widerspruchsfreie Beständigkeit kann u. U. nur mit starker Abgrenzung oder in schweren Fällen durch den Bruch mit der Herkunftsfamilie hergestellt werden.

Die Beeinträchtigung des Selbstwertgefühls basiert auf einem Orientierungsdilemma zwischen der Bindung an das Herkunftsland mit den entsprechenden kulturellen Werten und dem Aufenthalt in einem Land, das andere Überzeugungen lebt. Die Selbstwertherstellung wird dann erleichtert, wenn der emotionale Rückhalt der Eltern gegeben ist. Neben vorhersehbaren Zukunftsperspektiven spielen auch gute Sprachkenntnisse eine entscheidende Rolle. Letztere sind voraussetzend für das Erschließen der fremden Lebenswelt und Kultur. In der Kombination aus fremd erscheinendem Aussehen und mangelnder Sprachbeherrschung liegt der Grund für schnelle Etikettierung. Um sein Selbstwertgefühl zu sichern und zu stabilisieren, wird sich der sozial Stigmatisierte auf seine Familie und seine ethnische Herkunft beziehen. Besonders unvollständige Sprachkenntnisse können in der Folge des „Sich – Nichtverstehens“ zu Diskriminierungen führen.

Wer soziale Demütigung aufgrund seiner Herkunft erfährt, der neigt dazu, seine ursprüngliche nationale Identität zu verstärken. Soziale Kategorisierung führt auch bei den Diskriminierenden zu einem gefühlten

Identitätsgewinn. Etikettierungen basieren auf einem Vergleichsprozess, der ein Gefühl von Identitätssicherung verspricht. Das Einteilen in Eigen- und Fremdgruppe ermöglicht eine deutliche soziale Abwertung der fremden, und eine Aufwertung der eigenen Identität. Selbstwertgefühl und Selbstkonzept werden gesteigert und erfahren eine Stabilisierung (Nicklas 1994). Die Verarbeitungsprozesse und Handlungsmöglichkeiten sind hierbei vielfältig. So kann, wer Ausländerfeindlichkeit erfahren hat, im Extremfall mit Rückzug bzw. sozialer Isolierung reagieren, indem er sich stärker mit der Eigengruppe als positive Bezugsgruppe identifiziert.

Häufig entwickeln Mitbürger mit einem anderen ethnischen Hintergrund die Illusion, dass durch die Verlagerung des Lebensmittelpunkts in ein anderes Land bessere Lebensbedingungen und mehr Selbstzufriedenheitsgefühle zu erreichen sind. Die Realität, bedingt durch ggf. weniger erfolgsversprechende Schul- und Berufsabschlüsse, lässt nicht selten chronische Ohnmachtgefühle entstehen, die sich zu schweren Identitätskrisen entwickeln können. Aber auch eine hohe berufliche Qualifikation ist kein Garant für ein stabiles Selbstkonzept, da dieselbe bei einer Rückkehr ins Heimatland oft unverwertbar ist. Der soziale Aufstieg bewahrt also nicht zwangsläufig vor Identitätskrisen. Viele Menschen sind damit konfrontiert, ihre Identität anzugleichen. Orientierungsdilemmata machen den Identitätsanpassungsprozess unvermeidlich.

Wir alle fordern – ganz gleich welcher Herkunft – gehört, gesehen und erkannt zu werden. Dies zeigt von unserem tiefen Wunsch nach Anerkennung, Akzeptanz und dem Bedürfnis die unterdrückte Identität wieder aufleben zu lassen. Es geht um die Realisierung des menschlichen Bedürfnisses nach dem Gefühl von Zugehörigkeit und Gleichwertigkeit. Eine tief verwurzelte Überzeugung, nach der eine bestimmte Weltanschauung, Nation, Rasse oder Religion entsprechende Personen oder Gruppen anderen gegenüber überlegen macht, ist Nährboden für Diskriminierung. Die komplexe Wechselbeziehung von Innenwelt und sozialer Umgebung erschwert sowohl das soziale Miteinander, die Identitätsfindung als auch die Akzeptanz von Andersartigkeit in unserer Gesellschaft. Der sozialen Tierwelt hingegen ist die Feindlichkeit gegenüber anderen Rassen insoweit fremd, als dass sie auf Bewaffnung, Fremdenhass, Kriege, trügerischer Moral voller Lügen und auf eine Identitätspanik, die alles Zusammengehörigkeitsgefühl in einer Gruppe zerstört, verzichten kann (Haußer 1995).

Die Realisierung eines neuen sozialen und personalen Identitätsaufbaus ist in der Nachkriegszeit nach 1945 schwierig zu verwirklichen. So ist sie eng verknüpft mit der Ablegung von Vorurteilen, die in der Vergangenheit wesentlicher Bestandteil der gemeinsamen Identität waren. Die Erniedrigung anderer kann also Grundlage für viele Identitäten sein.

Viele Menschen der unterdrückten Minderheit neigen dazu, die negativen Bilder und Definitionen, die ihnen die „herrschende“ Mehrheit vorhält, mit den negativen Identitäten der eigenen Gruppe zu vermischen. Dieser Umgang mit Unterdrückung schränkt die Entwicklung und Stärkung des Selbstwertgefühls in einem sich selbst zerstörenden Maße ein. Denn genau hier liegt das Interesse der unterdrückenden Mehrheit. Die negative Identität des Unterdrückten ist eine Projektion der eigenen unbewussten negativen Identität der Unterdrückenden. Solange der Unterdrückte sich auch entsprechend minderwertig fühlt, ist das Überlegenheitsgefühl der unterdrückenden Majorität gestärkt – und damit auch das Identitätsgefühl.

Identitätsentwicklung ist ein Prozess. Sowohl auf personaler als auch auf sozialer Ebene. Einerseits entwickeln wir uns in unserer Biografie, und anderseits existiert eine Entwicklung in der Gesellschaft und in der Geschichte. Die Aktualität der Vergangenheit ist verknüpft mit der zu erwartenden Zukunft. Die Beziehungsstruktur von Lebensgeschichte und Gesamtgeschichte schließt die Frage nach der Identität ein:

Was will ich aus mir selber machen

und was habe ich, um damit zu arbeiten?

Der Kampf um eine *umfassende Identität* geht über die Frage und über die Bewusstwerdung der eigenen Möglichkeiten hinaus. Vielmehr geht es um den Zusammenschluss der Gruppen, deren Identität vorher von ihren wechselseitigen negativen Identitäten abhing. Die traditionelle Ausbeutung verfeindeter Gruppen hat die Chance durch Identitätsverbindung und durch die Aktivierung neuer Potenziale in eine Gesamtidentität zu fließen (Erikson 1981).

Auf einen Blick

- Identität erfordert eine Auseinandersetzung mit Berufs- und Partnerwahl, Weltanschauung, Geschlecht sowie Herkunft.
- Als soziale Wesen fühlen wir uns an Gruppen und deren spezifischen Regeln gebunden.
- Die Stabilität unseres Leistungsselbstvertrauens ist abhängig von unseren Erfahrungswerten.
- Wir spüren alle das Bedürfnis nach *Selbstwertherstellung* und *Realitätsprüfung*.
- Negative Erwartungshaltungen sind verheerend für unsere Identitätsentwicklung.
- Die Rollenunterscheidung von Männern und Frauen nimmt Einfluss auf die Identitätsentwicklung.
- Die Frauen haben an Selbstwertgefühl und Selbstbewusstsein gewonnen. Das Selbstverständnis der Männer hat sich ebenfalls gewandelt.
- Soziale Kategorisierung soll zu einem gefühlten Identitätsgewinn führen.
- Wir alle fordern – ganz gleich welcher Herkunft – gehört, gesehen und erkannt zu werden.

4
Wie wir in der Kindheit unser Selbst entdecken
Oder: Warum sind wir von unserer Umwelt abhängig?

„Zwei Dinge sollten Kinder von ihren Eltern bekommen: Wurzeln und Flügel.“ (J. W. Goethe)

Kindheit ist nicht ausschließlich durch körperliche und seelische Veränderungen bestimmt – sie wird auch kulturell definiert. Im Mittelalter wurde das Kind noch als „kleiner Erwachsener“ angesehen. Besonders die bildlichen Darstellungen zeigten Kinder mit den Körperproportionen eines Erwachsenen (Ariès 1975). In modernen industrialisierten Gesellschaften wird die Kindheit als klar von der Jugend und dem Erwachsenenalter abgegrenzter Lebensabschnitt umschrieben, in denen das Kind mit zu bewältigenden Aufgaben konfrontiert wird, und befreit ist von der Verantwortung die Erwachsene zu tragen haben. Durch den großen zeitlichen Abstand zum Erwachsenendasein entstehen kaum Konflikte zwischen Kindes- und Erwachsenenrolle. Höchstens in einer konstruierten Spielsituation können Kinder die Rolle eines Erwachsenen einnehmen. Noch besteht eine in allen Lebenslagen unaufhebbare und als selbstverständlich empfundene Abhängigkeit des Kindes vom Erwachsenen. Die Beziehung zwischen Kind und Erwachsenen kann eine wechselseitige Form der Kooperation, des Vertrauens und des Argumentationsaustauschs ermöglichen (Oerter 2002).

Das kindliche Umfeld ist bestimmt von dessen nahestehenden Bezugspersonen. Erste Außenbeziehungen erleben Kinder z. B. im Kindergarten und nehmen die entwicklungsfördernden Umweltbereiche, die ihnen immer komplexer werdende Tätigkeiten, Beziehungen und Rollen ermöglichen, fortlaufend in Besitz und formen sie um. Im Zuge der Erkundung der Lebenswelten entwickeln und stabilisieren sich Persönlichkeit und Selbstbild (Gudjons 2003). Durch

Entwicklungsveränderungen zeigen Kinder schon sehr früh spezielle Einzigartigkeiten, die Ausdruck ihrer Persönlichkeit sind. Solche Persönlichkeitseigenarten reifen im Zuge der Entwicklung und werden gefestigt.

Die Basis der menschlichen Persönlichkeit ist das Temperament, also das Zusammenspiel aus emotionalen, motorischen und aufmerksamkeitsbezogenen Reaktionen.
Besonders vier Temperamentsfaktoren können voneinander unterschieden werden:

(1) Positiver Affekt und Annäherung,
(2) negativer Affekt,
(3) aktive Bemühungen und Kontrolle sowie
(4) soziale Orientierung.

Im Alter von zwei bis drei Monaten lassen sich *positive Reaktionen* bei Kindern beobachten. Diese zeigen sich beispielsweise durch Lächeln, schnelle Bewegungen und den Augenaufschlag. Im ersten Lebensjahr entwickelt sich dann eine hemmende Kontrolle, die durch Zurückhaltung und Abweisung gegenüber neuen Ereignissen gekennzeichnet ist. Der *negative Affekt* zeichnet sich vor allem durch Irritationen, häufiges Weinen und Missstimmungen beim Säugling (negative Emotionalität) aus.
Die *aktive Bemühung* und *Kontrolle* ergänzt und überlagert die angeführten Hemmungsreaktionen. Kontrolle durch Selbstregulierung ermöglicht dem Kind seine dominante Reaktion zu unterdrücken, und sich anderen untergeordneten Handlungen zu widmen. Die *soziale Orientierung* schafft darüber hinaus eine Basis für freundliches, hilfreiches und vertrauensvolles Verhalten.
Schon in unserer Kindheit lassen sich also Persönlichkeitsmerkmale nachweisen. Die Forschung hat sich eingehend mit einer entsprechenden

Messung beschäftigt. Es lassen sich fünf Merkmale (*Big Five*) basierend auf verschiedenen Studien (z. B. John 1994) voneinander unterscheiden:

(1) **Extraversion**: emotional expressiv, redselig, mitteilsam, kontaktfreudig, ungehemmt;
(2) **Agreeableness:** angenehmes Wesen, gefallend, warm, helfend und kooperativ, entwickelt eigene und enge Beziehungen, Neigung zu geben, zu teilen und zu leihen;
(3) **Gewissenhaftigkeit:** ausdauernd bei Aktivitäten, gibt nicht leicht auf, aufmerksam und fähig zur Konzentration, planend und vorausdenkend, reflexiv (denkt und elaboriert, bevor er spricht oder handelt);
(4) **Neurotizismus:** furchtsam und ängstlich, gerät unter Stress außer Kontrolle, verwirrt und desorganisiert, hat kein Selbstvertrauen, fühlt sich wertlos und hält sich für schlecht;
(5) **Offenheit/Intellektualität:** neugierig und explorierend, hohe intellektuelle Fähigkeiten, kreativ im Wahrnehmen, Denken, in der Arbeit oder im Spiel und verfügt über eine lebhafte Fantasie.

Darüber hinaus können anhand von Untersuchungen drei Persönlichkeitstypen unterschieden werden, die im Laufe unseres Lebens relativ stabil bleiben und sich entweder durch *Widerstandsfähigkeit*, *Verletzbarkeit* oder *Unkontrolliertheit* auszeichnen. In der Kindheit können sich schon frühzeitig Merkmalskonstellationen finden lassen, die diesen Persönlichkeitstypen entsprechen. Durch Selbstgestaltung und den Einfluss der Umwelt entwickeln sich die Merkmalsausprägungen weiter und erreichen erst im Erwachsenenalter eine Stabilität. Besonders entscheidend bei dieser Entwicklung ist der Zusammenhang zwischen Temperament und Persönlichkeitsmerkmalen (Caspi 1998). Aber können diese Merkmale auch erlernt werden?

1919 wurde ein äußerst fragwürdiges und viel kritisiertes Experiment („Der kleine Albert") durchgeführt, das den Nachweis erbringen sollte, dass emotionale Reaktionen konditionierbar – also erlernbar sind (Watson, Rayner 1920). Der Sohn einer Amme, Albert, war zu Beginn des Experiments 9 Monate alt. Er wurde als körperlich und psychisch „gesund" beschrieben. Zudem wies er zu Anfang des Versuchs keinerlei Anzeichen von Furcht (z. B. vor lebenden Tieren) auf. Vielmehr griff er nach allen unbekannten Gegenständen, um sie zu entdecken. Eine starke Angstreaktion konnte allerdings durch den Lärm, den ein Schlag auf eine dicke Eisenstange auslöste, bei ihm hervorgerufen werden.

Bei dem eigentlichen Experiment wurde Albert eine weiße Ratte gezeigt. Als er versuchte sie neugierig zu berühren, wurde unmittelbar hinter seinem Kopf auf die Eisenstange geschlagen, sodass ein lautes unangenehmes Geräusch ertönte. Albert erschrak, fiel vorn über und begann zu wimmern und zu weinen.

Einige Tage später bekam Albert die weiße Ratte ohne das lärmende Geräusch zu sehen. Er fixierte sie, aber unterließ es zunächst, nach ihr zu greifen. Erst als die Ratte näher kam, zeigte er zurückhaltende Tendenzen sie zu berühren – zog seine Hand aber zurück. Hieraus wurde von den Versuchsleitern geschlossen, dass die beiden kombinierten Reize (Ratte/Lärm) ihre erwünschte Lernwirkung gezeigt hatten. Auch ohne den Schlag auf die Stange reagierte Albert ängstlich.

Kurze Zeit später folgte ein weiterer Reaktionstest, um die Konditionierung, also den Lerninhalt *Ratte = Furcht* zu verstärken. Albert spielte mit Bauklötzen, als ihm wieder die Ratte in Verbindung mit dem lärmenden Geräusch gezeigt wurde. Zuerst verzog er nur das Gesicht und wimmerte. Nach mehrmaliger Wiederholung schrie er auf und flüchtete so schnell er konnte.

Im Folgenden wurde Albert weiter mit Tests konfrontiert. Es zeigte sich, dass er neben der Ratte auch ängstlich und schreiend auf ein Kaninchen, einen Hund, auf Watte und menschliche Haare reagierte. Watson und Rayner schlussfolgerten, dass diese Ergebnisse auf eine emotionale Generalisierung schließen ließen. Das bedeutet, dass, da die Ratte Pelz

besitzt, Albert gelernt hat, vor „Pelzigem oder Haarigem“ dauerhaft Furcht zu verspüren und die Flucht zu ergreifen.
Basierend auf der bescheidenden methodischen Qualität des Experiments ist es fraglich, ob hier eine Verallgemeinerungsfähigkeit der Ergebnisse angebracht ist. Tatsächlich hat *einmal*, *eine* Person exakt *einen* konditionierten Reflex gelernt. Zwar erscheint es abwegig, dass grundsätzlich alle Furchtreaktionen und andere emotionale Reaktionen zwangsläufig einen konditionierten (erlernten) Ursprung haben, dennoch zeigen die Ergebnisse, dass Kleinkinder zwischen sich selbst und der Umwelt differenzieren können. Unser Lebensraum nimmt daher einen erheblichen Einfluss auf unsere Entwicklung und unser Lernen.

Als Kinder erkennen wir also schon in einer frühen Phase, dass wir nicht die Welt sind, sondern dass unser Ich von denen der anderen getrennt existiert. Bald darauf können wir uns selbst Kategorien (Name, Kind und Mädchen/Junge) zuschreiben und uns als Objekt wahrzunehmen. Indem Kinder Vorstellungen und Wissen über sich haben, besitzen sie Selbstrepräsentationen. Sie können Auskunft über sich geben und besitzen die Fähigkeit der Selbsteinschätzung.

Unser erwachsenes Ich erfährt bereits in den ersten Lebensmonaten die sozialen, emotionalen und kognitiven Grundvoraussetzungen. Je deutlicher sich das Selbstbild in der frühen Kindheit entwickelt, desto stabiler sind die entsprechenden Merkmale für unser späteres Selbst. Die frühe Kindheit ist die Basis für alle späteren Entwicklungen. Unser Selbst ist das Ergebnis früher Erfahrungen in Interaktionsprozessen. Es bildet sich in den ersten sozialen Beziehungen und Lerninhalte heraus.

Bereits von unserer Geburt an verfügen wir über ein subjektives Empfinden unserer Selbst und sind fähig uns selbst als „organisiert“ zu erleben – wenn auch noch nicht ganz ausgebildet. Der Säugling erfährt und ordnet die Welt aus sich selbst heraus. Hierbei entwickelt sich eine wechselseitige Beeinflussung des Kleinkindes und der erwachsenen Bezugsperson. Trotz einer situationsabhängig unterschiedlichen Aktivierung schwingen alle Selbstempfindungsbereiche gleichzeitig und gemeinsam im Selbsterleben latent mit. Vier zentrale Kernempfindungen können hierbei unterschieden werden:

(1) *Urheberschaft* meint, dass wir die Erzeugung eigener Empfindungen von denen anderer Menschen differenzieren.
(2) *Selbstkohärenz* bezieht sich auf unser Empfinden, eine körperliche Einheit zu sein.
(3) *Selbstaffektivität* schließt unsere Unterscheidungsprozesse erster Affekte wie Wut, Trauer, Angst, Freude und Scham ein.
(4) *Selbstgeschichtlichkeit* bedeutet die empfundene Gewissheit, dass wir trotz aller Veränderungen ein und dieselbe Person bleiben.

Unser Gedächtnis bildet sich durch wiederholende Handlungen aus. Durch eigenes Tun erfahren wir, dass wir Handlungseffekte erzeugen, und bauen im Zuge dessen ein globales *Ich – Schema* auf. (Stern 1992). Wir organisieren Wahrnehmungen, Handlungen, Gedanken und Affekte in einem zeitlichen und räumlichen Kausalverhältnis. Durch die Entwicklung vor – sprachlicher Vorstellungen können unsere Selbsterfahrungen organisiert werden (Fuhrer 2000).

Aber inwieweit verfügen Säuglinge über ein Selbstbewusstsein? Da sich Neugeborene in der Welt orientieren müssen, ist die Unterscheidung von Selbst und Umwelt bereits kurz nach der Geburt möglich. Auch der laute Schrei eines Neugeborenen, als Reaktion auf das Schreien und Weinen eines anderen Säuglings, spricht für die Fähigkeit zwischen sich und anderen zu differenzieren. Der schnell erlernte Umgang mit Gegenständen zeigt von einem früh entwickelten Bewusstsein, Einfluss auf die Außenwelt ausüben zu wollen – und damit Erfolg zu haben. Auch die Beobachtungen, dass der Mund, die Bewegung der Hand zum Kopf, gedanklich vorwegnehmen kann, lassen darauf schließen, dass ein Körperschema existiert (Butterworth 1992).

Unser *Kernempfindungsselbst* erfahren wir, indem wir feststellen, dass zwei Körper nicht miteinander verschmelzen können, sondern physisch voneinander getrennt sind und bleiben. Im Umgang mit anderen Personen (z. B. der Mutter) sind Emotionen die Grundlage für unser Erleben von Beständigkeit (Fuhrer 2000). Wir brauchen Wärme, Liebe und einen gefühlsbetonten Umgang, damit wir Sicherheit in dieser Welt erfahren und uns „gesund" entwickeln können. Das Schicksal von Säuglingen ohne konstante mütterliche Liebe ist furchtbar und verheerend:
In einer Studie um 1940 in den USA wurde das Unheil von in Heimen untergebrachten Kleinkindern untersucht. Intensiv erforschte man die Entwicklung von 203 Kleinkindern in einem Säuglingsheim und von 90 Kleinkindern in einem Findelhaus. Das Säuglingsheim war in einen Strafvollzug für straffällige Mädchen eingegliedert. Die meist minderjährigen Mütter konnten ihre Kinder bis zum Ende des ersten Lebensjahres selbst versorgen und wurden dazu von Säuglingsschwestern angeleitet.
Im Findelhaus lebten zwei Gruppen von Kleinkindern. Kinder von verheirateten Frauen, die nicht in der Lage waren, sich selbst und ihre Kinder zu versorgen und Kinder lediger Mütter. Im Alter von 3 Monaten wurden die Kinder von ihren Müttern getrennt und lebten bis zum Alter von 18 Monaten in von drei Seiten verglasten „Einzelzellen". Eine Schwester betreute in dieser Phase mehrere Kinder mit dem Nötigsten. Durch mechanische Fütterung, mittels befestigter Flaschen, erfolgte die Nahrungsaufnahme. Damit sich die Kinder still verhielten, wurden Betttücher oder Decken über die Gitterbettchen gehangen. Entgegen der normalen Entwicklung konnten sich die Kinder, aufgrund der Tatsache,

dass sie monatelang auf dem Rücken in einer Matratzenkuhle lagen, nicht auf die Seite drehen. Die physischen Auswirkungen waren verheerend.

Beide Heime waren hygienisch einwandfrei geführt. Allerdings erfuhren die Kinder deutliche Unterschiede in der mütterlichen Zuwendung. Es konnte festgestellt werden, dass so lange die Kinder in den Heimen von ihren Müttern betreut wurden, sie einen durchschnittlich normalen Entwicklungsverlauf nahmen. Mussten die Kinder hingegen in den ersten Lebensmonaten auf die mütterliche Zuwendung verzichten, konnten starke Entwicklungsrückstände nachgewiesen werden.

Bei 34 Kindern, die zuvor eine gute persönliche Beziehung zu ihrer Mutter entwickelt hatten, wurde der Umgang aus verwaltungstechnischen Gründen eingestellt. Nach der Trennung von der Mutter zeigten sich die Kinder zuerst weinerlich, dann verweigerten sie jede Kontaktaufnahme, die sodann in überstarkes Anklammern an den Erwachsenen überging. Weiter verweigerten sie die Nahrungsaufnahme, nahmen an Gewicht ab, schliefen nicht durch und waren anfällig für Infektionskrankheiten. Die Entwicklung stand still und die Kinder wirkten apathisch und betäubt.

Kehrte die Mutter nach einem Zeitraum von längstens 3 Monaten zurück, so konnte sich der Zustand einiger Kinder verbessern, wobei von traumatischen Langzeitfolgen für das gesamte Leben ausgegangen werden kann. Zögerte sich die Wiedervereinigung von Mutter und Kind jedoch länger als 5 Monate hinaus, war keine Verbesserung der kindlichen Entwicklung festzustellen.

Bei den 90 Kindern aus dem Findelhaus, die ab ihrem 4. Lebensmonat jede individuelle Betreuung vermissten, konnte ein zunehmend schwerer Verfall beobachtet werden. Sie wurden passiv in ihren Reaktionen, ihr Gesichtsausdruck wurde leer und die Koordination der Augen ließ nach. Die Kinder haben nie gelernt zu sprechen, zu sitzen, zu stehen oder zu laufen. Durch die völlige Entbehrung mütterlicher Zuwendung erhöhte sich die Sterblichkeitsquote rapide (Spitz, 1976).

Unsere gesamte Entwicklung ist also abhängig von dem Ausmaß positiver Entwicklungsbedingungen, die uns die Umwelt bietet oder verweigert. Wir brauchen zu unserer Entfaltung freundliche und anregende Umweltbedingungen. Zu einer emotionalen und intellektuellen Entwicklung gehören gefühlsbetonte Zuwendung, soziale Kontakte mit Erwachsenen und Anregungen aus der Umwelt. Spätestens im Alter von etwa sechs Lebensmonaten haben Kleinkinder, bei regelmäßiger mütterlicher Zuwendung, eine feste Beziehung zur Mutter bzw. zur betreuenden Mutterperson gebildet. Deutlich wird dies, wenn Kleinkinder auf fremde Personen, die ihnen nicht vertraut sind, mit Abwendung oder ängstlichem Verhalten reagieren. Auf die Trennung von der Mutter reagieren Kinder heftiger und trauriger, wenn sie zuvor eine positive Mutterbindung gebildet haben. Demgegenüber ist die teilnahmslose Reaktion, die Kleinkinder nach einer längeren Mutter – Entbehrung zeigen, Zeichen einer inneren Resignation.

Verläuft die Entwicklung eines Kindes indessen gesund, so lernt es, zwischen dem eigenen Selbst und der Pflegeperson zu unterscheiden (*Phase des subjektiven Selbstempfindens*). Entsprechend wachsen das Gefühl der eigenen Wirksamkeit und das Bewusstsein darüber, dass es andere Menschen gibt, die Gefühle und Interessen haben, die sich von den eigenen unterscheiden können. Jetzt entwickelt sich mehr und mehr die Fähigkeit Erwachsene zu imitieren. Die Selbsterkennung als Folge von Verhaltensformen bildet sich nun heraus (Bertenthal, Fischer 1978). Es entwickelt sich das sog. *Mich – Selbst*. Gekennzeichnet ist dasselbe von der Entdeckung eines persönlichen Erfahrungswissens, das es ermöglicht sich mit Symbolen mitzuteilen. Im Alter von ca. zwei Jahren erkennt das Kind dann das Abbild seiner eigenen Person im Spiegel. Dies kann als Indiz gedeutet werden, dass ein existenzielles Selbst aufgebaut wurde, und dass die Fähigkeit zur Selbsterkennung ausgebildet wurde (Stern 1992).

Im Alter von zweieinhalb bis fünf Jahren konstruieren Kinder Züge des Selbst, die sich entweder auf ihren Körper („ich habe braune Augen"), Aktivitäten („ich kann Rad fahren ohne Stützräder"), soziale Beziehungen („ich habe zwei Schwestern") oder psychologische Merkmale („ich bin lustig") beziehen. Das Kind differenziert allerdings noch nicht zwischen Wunsch (*ideales Selbst*) und Realität (*reales Selbst*). Daher fallen Selbstbewertungen noch unrealistisch positiv aus. Auch bestehen in kognitiver Hinsicht Defizite. Mehrere Dimensionen miteinander zu koordinieren ist zu diesem Zeitpunkt noch nicht möglich. Aber es verfügt über die Fähigkeit, sich einer Kategorie zuzuordnen. So identifizieren sich beispielsweise kleine Jungen stark mit ihrem Vater und äußern zukünftig genau dasselbe tun zu wollen wie dieser. Auch suchen Kinder schon im zweiten Lebensjahr Anerkennung für ihre Leistungen und wissen, dass sich ihr Verhalten auf das der anderen auswirkt (Fuhrer 2000).

Zwischen dem fünften und dem achten Lebensjahr verknüpfen sich die verschiedenen Merkmale der Selbstbeschreibung. So werden beispielsweise Laufen, Klettern und Springen als selbst beschreibende Merkmale zusammengeordnet. In diesem Alter sind Kinder darüber hinaus fähig sich selbst und andere Personen anhand von Gegensatzpaaren (groß – klein, gut – böse, schlau – dumm) zu beschreiben. Dennoch fehlt ein Verständnis für innere Dimensionen, die auf tatsächlichen Verhaltensweisen basieren (Oerter 2002). Soziale Beziehungen haben für die Selbstkonzeptentwicklung in dieser Altersstufe entscheidende Bedeutung. Das Kind begreift nun, dass andere Menschen auf der Grundlage eines Standpunkts agieren. Für die Konstruktionen des Selbstkonzepts ist das Verständnis für die Existenz anderer Überzeugungen wichtig. Eine aktive Bewertung anderer Personen erfolgt bereits. Sie können nun die Reaktionen anderer vorwegnehmen. Darüber hinaus verinnerlichen sie die Rollen ihres eigenen Verhaltens und die der anderen. Als erste Form der bewertenden Selbstregulation entwickeln sich persönliche Standards, die durch die

Umsetzung bestimmte Verhaltensweisen eine positive Selbstbewertung ermöglichen und fördern. Die eigene Psyche kann zu diesem Zeitpunkt allerdings noch nicht bewertet werden (Higgins 1991).

Die Fähigkeit zur Koordination einzelner Selbstrepräsentationen wächst im Alter von neun bis zwölf Jahren. Das Kind kann innere Dimensionen und Eigenschaften, die Grundlage verschiedener Verhaltensweisen sind, formulieren. Die Kompetenz zur Selbst- und Fremdbeschreibung entwickelt sich fortlaufend. Auch gegensätzliche Eigenschaften können nun koordiniert werden. Der soziale Vergleich spielt hierbei eine entscheidende Rolle. Basierend auf (beispielsweise schulischen) Leistungsrückmeldungen können nun klare Selbsteinschätzungen vorgenommen werden. In der Gleichaltrigengruppe werden Rückmeldungen über die Position und Beliebtheit in der Gruppe vermittelt. Die Fähigkeit zur Nutzung sozialer Vergleichsinformationen für die Selbstbewertung bildet sich weiter aus, und führt zu einer differenzierteren und realistischeren Konstruktion des Selbstbildes (Oerter 2002). Das Überdenken des Selbstbildes macht Kinder verletzlich gegenüber allen gesellschaftlich bedeutsamen Handlungsbereichen. Die Verinnerlichung der Meinungen von bedeutsamen Personen ermöglicht dann mittels des *Ich – Selbst* das *Mich – Selbst* zu bewerten.

Bei einer umfangreichen Studie wurden Kinder zwischen dem fünften und achten Lebensjahr gebeten Fragen über ihre Person zu beantworten. Abgefragt wurden Bereiche zur Selbstwahrnehmung der körperlichen Fähigkeiten (Geschicklichkeit und Aktivitäten), die Wahrnehmung der körperlichen Erscheinung (Attraktivität) sowie die Einschätzung der Beziehung zu Gleichaltrigen und den Eltern. Darüber hinaus sollten die Kinder ihre schulischen Leistungen generell, und in den Fächern Lesen und Mathematik einschätzen. Abschließend galt es eine Selbstwerteinschätzung (Effektivität, Tüchtigkeit, Selbstvertrauen und Selbstachtung) vorzunehmen.

Untersucht wurden Kindergartenkinder und Kinder der ersten und zweiten Klasse. Um die Alterstrends des Querschnitt- und Längsschnittvergleichs zu überprüfen, wurden die Kinder nach einem Jahr nochmals befragt. Des Weiteren wurde um eine Einschätzung der Lehrpersonen gebeten. Die Ergebnisse der Befragung zeigten, dass alle acht untersuchten Selbstkonzeptbereiche nicht nur bei den älteren Kindern, sondern schon bei den Kindergartenkindern entwickelt waren. Besonders die Stabilität zeigte sich schon sehr früh. Es kann also von einer frühzeitigen und differenzierten Ausprägung sowie einer wachsenden Festigung des Selbstkonzepts innerhalb von drei Jahren ausgegangen werden (Marsh 1998).

Selbstrepräsentationen sind also auch in der Kindheit eng mit sozialem Handeln und Verstehen verknüpft. Es existiert ein Zusammenhang zwischen den Vorstellungen über uns selbst und dem Wissen und Verständnis gegenüber anderen. Auf der Ebene der Repräsentationen können wir als Kinder zweiseitig folgern: *die anderen sind so wie ich* und umgekehrt *ich bin wie die anderen.* Geschlechts- oder Namenskategorien sind für das Selbst im zweiten Lebensjahr nur dann nachvollziehbar, wenn die Kategorien auch für andere Personen gelten. Wir ordnen uns also in Gattungen ein, wie beispielsweise als Mensch oder als zugehörig zu einer Gruppe. Es besteht eine Verbindung zwischen unserem Selbst und unserem allgemeinen Menschenbild. Zwei Menschenbilder lassen sich für die Kindheit zusammenfassen. Im Alter von sechs bis acht Jahren beschreiben wir den Menschen als intentionalen Akteur. Im Vordergrund stehen besonders Merkmale der äußeren Erscheinung einer Person. Die Beziehungen zu anderen Personen sind primär zugehörigkeits- und besitzorientiert. Handeln verstehen wir noch ausschließlich als auf ein Ziel gerichtete Aktivität. Als Zehn- bis Zwölfjährige nutzen wir hingegen schon psychische Merkmale, um Handlungen zu beschreiben und zu verdeutlichen. Durch interne Merkmale werden externe Handlungen erklärbar. Die Beziehungen sind gekennzeichnet durch Gegenseitigkeit i. S. wechselseitiger Hilfe und wechselseitiger Aufgaben- und

Pflichtenübernahme. Auf dieser zweiten Stufe des Menschenbildes differenzieren wir nun in unseren Beschreibungen zwischen Ziel, Mittel und Zweck.

Eine Theorie vom Menschen muss zur Orientierung in der Welt und zur Findung des eigenen Stellenwerts im sozialen System von jedem Menschen entwickelt werden. Erst im Jugendalter bildet sich ein vollständiges Verständnis für die unterschiedlichen Positionen und Erkenntnisse anderer Menschen. Mit dieser Phase können wir weitere soziale Komponenten, wie beispielsweise die des sozialen Vergleichs, der Perspektivenübernahme und der Empathie in unsere Selbstrepräsentationen integrieren (Oerter 2002).

Auf einen Blick

- Auch in unserer Kindheit müssen wir Identitätsaufgaben bewältigen.
- Noch sind wir abhängig von Erwachsenen.
- Wir nehmen auch als Kinder Rollen ein.
- Durch Erkundung der Lebenswelten entwickelt und stabilisiert sich unser Selbstbild.
- Schon in unserer Kindheit lassen sich Merkmale unserer Persönlichkeit nachweisen.
- Wir unterscheiden zwischen Selbst und Umwelt.
- In den ersten Lebensmonaten wird der Grundstock für unser erwachsenes Ich gelegt.
- Unser Gedächtnis bildet sich durch wiederholende Handlungen aus.
- Wir brauchen zu unserer Entfaltung freundliche und anregende Umweltbedingungen.
- Selbstrepräsentationen sind in der Kindheit eng mit sozialem Handeln und Verstehen verknüpft.

5
Wie wir in der Jugend rebellieren
Oder: Warum können wir nicht alles bestimmen?

„Genau in dem Moment, als die Raupe dachte, die Welt geht unter, wurde sie zum Schmetterling.“ (P. Benary)

Dem Jugendalter als Lebensphase kommt wohl die wichtigste Bedeutung in der Identitätsentwicklung zu. Wir sehen uns mit vielseitigen neuen Erfahrungen konfrontiert, die wir einordnen und verarbeiten müssen. Das Zusammenspiel aus biologischen, intellektuellen und sozialen Veränderungen kann mit vielen persönlichen, familiären und außerfamiliären Konflikten verbunden sein. Die Übergangsperiode zwischen Kindheit und Erwachsenendasein ist eine Zwischenposition, die uns abfordert, Verhaltensformen und Privilegien der Kindheit aufzugeben. Gleichzeitig müssen wir uns Persönlichkeitsmerkmale und Kompetenzen aneignen, die den Aufgaben und den Rollen eines Erwachsenen entsprechen.

Schon in der Antike wurde die Jugend als eine eigenständige, von Kindheit und Erwachsenenalter abgegrenzte, Entwicklungsphase betrachtet. Aus gesellschaftlicher und sozialpolitischer Sicht ist die Jugendphase erst seit dem 19. und 20. Jahrhunderts eine selbstständige. Der Zugang zu institutioneller Ausbildung und zu einer (beruflichen) Lebensvorbereitung und Bewältigung wird (nicht mehr ausschließlich) Angehörigen privilegierter Gruppen ermöglicht (Oerter & Dreher 2002).

Das Eintreten der Geschlechtsreife (Pubertät) ist der Beginn des Jugendalters und grenzt diese Lebensphase von der Kindheit ab, wobei die Jugendphase mit dem achtzehnten Lebensjahr heute nicht, wie weitläufig angenommen, beendet ist. Vielmehr erstreckt sich diese, je nach

Entwicklungsstand und Sozialisationsbedingungen, über einen längeren Zeitraum. So entspricht der Student, der noch zu Hause wohnt oder seine Wäsche regelmäßig zum Waschen ins elterliche Nest bringt, dem Typus des sog. Postadoleszenten. Auch eine dreißigjährige verheiratete Frau, die sich innerlich und äußerlich an den Norm- und Wertevorstellungen der Ursprungsfamilie klammert, entspricht nicht der Definition „erwachsen".

In unserer heutigen Zeit besteht ein wachsender Widerspruch zwischen den politischen, sexuellen und kulturellen Verantwortlichkeiten in der Jugendphase und einer selbstbestimmten erwachsenen Lebensgestaltung. Das Phänomen der Postadoleszenz ist gekennzeichnet durch ein Gemisch aus individueller Selbstbestimmung und materieller Abhängigkeit (Bopp 1985).

Unsere selbstverständliche Welthinnahme des Kindesalters haben wir in der Jugendphase abgeschlossen. Durch Erlebnis- und Selbsterfahrungen entsteht die Entwicklung eines Ich – Gefühls. Wir können uns vermehrt von anderen abgrenzen und wählen unsere Beziehungspartner.

Entwicklung ist ein lebenslanger Lernprozess. Wir erwerben Fertigkeiten und Kompetenzen, die eine konstruktive Lebensbewältigung ermöglichen. Neben der psychischen Reifung sind die gesellschaftlichen Erwartungen sowie die individuellen Zielsetzungen und Werte unsere Entwicklungsquellen. Die Grundlage unserer Entwicklungsaufgaben bilden die physischen Reifungsprozesse. Im Laufe der Lebensspanne formt sich unser Selbst aus, das die treibende Kraft in der aktiven Gestaltung der Entwicklung darstellt. Teile desselben sind die individuellen Ziele und Werte. Eine Entwicklungsaufgabe ist also das Bindeglied im Spannungsverhältnis zwischen individuell geprägten Bedürfnissen und den von der Gesellschaft an uns gerichteten Erwartungshaltungen und Anforderungen.

Unsere Lebensspanne weist Zeiträume auf, die besonders geeignet für bestimmte Lernprozesse sind. Die Annahme von sensitiven Zeitabschnitten des Lernens schließt die Bearbeitung spezifischer Aufgaben zu einem späteren oder früheren Zeitpunkt aber nicht aus. Unsere Entwicklungsaufgaben sind keine zeitlich abgeschlossenen Systeme. Dies betrifft allerdings nur bestimmte Thematiken. Es können zeitlich abgegrenzte Aufgaben (z. B. der Erwerb von grundlegenden Kulturtechniken) von variierenden Entwicklungsanforderungen in der Lebensspanne (z. B. Beziehungsaufbau zu Gleichaltrigen) unterschieden werden. Keine Entwicklungsaufgabe, die wir in der Jugend bewältigen, kann also isoliert betrachtet werden, sondern vielmehr als Teil eines Netzwerkes aus vorangegangenen Kindheitsaufgaben und fortführenden Anforderungen an das frühe Erwachsenenalter.

Die Entwicklungsaufgaben im Jugendalter erfordern von uns den Aufbau eines Freundeskreises i. S. einer Herstellung von neuen und tieferen Beziehungen zu Altersgenossen beiderlei Geschlechts (*Peer*). Auch müssen wir die Veränderungen des eigenen Körpers und die des Erscheinungsbildes lernen zu akzeptieren. Als Jugendliche müssen wir uns männliches oder weibliches rollenkonformes Verhalten aneignen (*Rolle*). Insgesamt werden unsere Beziehungen zu einem engen Freund oder einer engen Freundin intensiver. Im Gegenzug entsteht eine Unabhängigkeit von den Eltern (*Ablösung*). Auch muss die berufliche Zukunft reflektiert werden. Wir sollten unsere beruflichen Ziele, Wünsche und Vorstellungen in einem realistischen Maß vorbereiten bzw. definieren (*Beruf*). Zusätzlich müssen wir Vorstellungen bezüglich *Partnerschaft* und *Familie* entwickeln. Darüber hinaus stellt die Klarheit über die eigene Person eine wichtige Entwicklungsaufgabe dar. Hierzu ist auch das Bild der anderen über uns entscheidend (*Selbst*). Neben der Entwicklung von Zukunftsperspektiven und Zielsetzungen (*Zukunft*), spielen auch die Bildung einer Weltanschauung und die Klarheit über die *Werte* und *Prinzipien*, die zukünftig vertreten werden sollen, eine zentrale Rolle (Oerter & Dreher 2002).

Unsere Entwicklungsaufgaben lassen sich allerdings nicht für alle Zeiten bindend definieren. So sind Heirat und Familienleben heute häufig abgelöst von dem Zusammenleben ohne Trauschein. Auch der Aufbau einer materiell ausgerichteten Berufskarriere wird nicht selten abgelehnt. Wir müssen uns also kritisch und ehrlich mit den an uns gestellten Aufgaben auseinandersetzen.

Schwerpunkt in der Jugendphase ist neben der Entwicklung von Positionen, Meinungsmustern und Präferenzen also auch der Aufbau von Zielen und Werten. Hierdurch wird eine Orientierung in der Welt ermöglicht. Der Entstehungsprozess von Zielen, Werten und Überzeugungen schließt Handlungsbereiche, in denen wir wichtige Entscheidungen treffen mit ein. Hierzu zählen die berufliche Laufbahn, die eigene Geschlechterrolle, ggf. Heirat und Elternschaft, die Entwicklung einer Weltanschauung und moralische Überzeugungen sowie die Entstehung einer politischen Grundhaltung. Der Prozess der Überzeugungsbildung erfolgt indes individuell. So kann er krisenhaft, aber auch problemlos verlaufen, wobei die Überlegungs- und Diskussionsbereitschaft mit anderen variiert.

Mit der Jugendzeit endet die realistische Kindheitsphase, die besonders durch Bewältigungsmodalitäten schulischer Leistungsanforderungen begründet ist. Aus den anfänglichen Unsicherheitsgefühlen entwickeln wir neue Perspektiven für unser Leben. Entsprechend ist das wichtigste Charakteristikum der Jugendzeit unsere Identitätsbildung. Wir können unsere Identität allerdings insofern auch kurz und problemlos bilden, als dass wir die Identifikationsangebote unserer sozialen Umwelt ohne innere Konflikte unreflektiert übernehmen. Sind wir von einem übereinstimmenden Konzept der Weltanschauung umgeben, ist unser

Bedarf an Meinungsaustausch über sich voneinander unterscheidender Positionen niedrig. Das Abgrenzen von der Überzeugung der Mehrheit käme vielmehr einer Loyalitätsverletzung gleich. So unterlassen manche Menschen die Auseinandersetzung und passen sich und ihre inneren Überzeugungen völlig unreflektiert an. Diese Werteübernahme – ohne kritisches Hinterfragen – hat häufig leider mangelnde Toleranz gegenüber anderen Meinungen und Kulturen zur Folge. Andere Überzeugungssysteme stellen eine potenzielle Bedrohung für die eigene übernommene Weltanschauung dar.

Eine erreichte Identitätsreife bedeutet also Konfrontationsarbeit. Ermöglicht uns aber ein *eigenes* inneres und äußeres Bild von der Welt zu entwickeln. Zudem sind unsere Reifungsprozesse umkehrbar. Das bedeutet, dass „Rückfälle" oder neue Auseinandersetzungsphasen möglich sind und abermals Chancen für uns bereithalten.
Erreichen wir einen reifen Zustand persönlicher Überzeugungen, haben wir sowohl Phasen der Krise als auch Phasen der Euphorie hinter uns. Der Lohn sind neue Identifikationen (Fend 1991).

Der lange Weg, den wir gehen müssen, kann in Phasen eingeteilt werden. Während die anfänglichen Abwägungsperioden von ggf. wirren und konfusen „Gedankenwanderungen", Fantasien und experimenteller Selbstdarstellung geprägt sind, erlangt das Seelenleben dann in den Phasen der Planung eine psychische Struktur. Der Wechsel zwischen Begeisterung und Enttäuschung wird von Zielstrebigkeit und rationalen Planungsschritten abgelöst. Erst das Durchleben von Tagträumen und Fantasien machen bewusste Entscheidungen möglich. Dauerkrisen entstehen dann, wenn die abwägenden Phasen nicht überwunden werden (ausführlich Kapitel 8).

Wer bin ich? fragen wir uns ein Leben lang immer wieder – aber besonders in der Jugendphase. Die Antworten auf diese Frage ermöglichen uns erst das Herausbilden einer neuen Einheit, die Teile unseres „alten" Ichs mit den

Erwartungen an die Zukunft verbindet. Nur durch diese Integrationsarbeit erfahren wir Kontinuität und Selbstsein. Wir sind gefordert, unsere eigene Person und die Vergangenheit realistisch einzuschätzen. Wir müssen unsere Kultur, in der wir groß werden, die Ideologien und die Erwartungen der Gesellschaft an uns – und deren Berechtigung hierzu – hinterfragen und in unser Selbstkonzept einordnen. Es folgt eine Krise. Der Prozess der Auseinandersetzung und die resultierende Integration drehen sich um fundamentale Probleme, wie unsere berufliche Zukunft, die Partnerbeziehungen, religiöse und politische Standpunkte. In diesen Bereichen gilt es persönliche Verpflichtungen zu entwickeln, damit wir das Gefühl von Ganzheit, Loyalität und Treue erfahren. Nur so lassen sich Wohlbefinden und Selbstachtung herstellen.

Das Frage- und Antwortbeispiel aus einem geführten Interview zeigt anhand der religiösen Überzeugung deutlich die unterschiedlichen Standpunkte und Identitätszustände (Kimmel, Weiner 1985).

Frage
Hast du bezüglich deiner religiösen Überzeugungen jemals Zweifel gehabt?

Antworten
Ja. Ich habe sogar überlegt, ob es einen Gott gibt oder nicht. Aber jetzt habe ich für mich das Problem gelöst. Ich meine (...).
Die eigene Identität wurde bereits erarbeitet.

Ja. Damit beschäftige ich mich gerade. Ich kann eben nicht verstehen, dass es einen Gott gibt und doch so viel Böses in der Welt. Diese Person steckt noch in einer Krise.

Nein, eigentlich nicht. In unserer Familie bestand darüber immer Klarheit.
Die Weltanschauung des Umfeldes wurde unreflektiert übernommen.

Oh, ich weiß nicht. Ich denke schon. Jeder durchläuft wohl so eine Phase. Aber es bekümmert mich nicht sehr. Jeder kann es halten, wie er will.
Die eigene Identität ist diffus, zerstreut und ungelöst.

Hauptaufgabe in unserer Jugendzeit ist also der Perspektivenaufbau und eine Lebensgestaltung, die eine Weiterentwicklung auf persönlicher und gesellschaftlicher Ebene zulässt. Unsere Identitätsentwicklung nimmt jetzt schärfere Konturen an. Die Entdeckung, *was man ist*, *was man sein könnte* und *was man sein möchte*, ist ein lebenslanger Prozess, der in der Jugendzeit noch am Anfang steht. Die Zeit des Experimentierens in dieser Altersperiode ist gekennzeichnet von vielen Unsicherheiten, Zweifeln und ungenügend reflektierten Entscheidungen und Entwürfen. Die Jugendlichen sind sich ihrer selbst noch nicht sicher und sind damit beschäftigt, herauszufinden *was zu ihnen gehört* und *was ihre Person ausmacht*. Auch wissen sie oft noch nicht, worin sie sich wieder finden, und womit sie sich identifizieren sollen. Diese Syntheseleistung ist nicht nur ein schwieriger, sondern auch ein bedeutender Prozess in der menschlichen Identitätsentwicklung. Die Herstellung einer Ganzheit, die Entwicklung und Entfaltung einer Lebensperspektive ist eine Integrationsleistung hohen Ausmaßes, in der viele krisenhafte Momente und Anforderungen bewältigt werden müssen.

In einer einschlägigen Untersuchung konnte aber gezeigt werden, dass Selbstbeschreibungen im Laufe der Identitätsentwicklung differenzierter und organisierter werden. So beschreiben sich Jugendlichen in einer Situation gegenüber dem anderen Geschlecht als unsicher und befangen, gegenüber gleichgeschlechtlichen Peers dagegen als selbstsicher (Pinquart, Silbereisen 2000). Mit zunehmendem Alter differenzieren Jugendliche dann stärker zwischen ihrem Realbild (*wie sie sind*) und ihrem Idealbild (*wie sie sein möchten*). Auch gewinnen sie fortwährend an der Fähigkeit, sich selbst von „außen“ zu betrachten und die eigene Person aus der Perspektive anderer zu sehen.

Dennoch kann nicht davon ausgegangen werden, dass alle Jugendlichen gleichermaßen alle möglichen Identitätszustände durchleben und ihre Entwicklung zwangläufig in der *Erarbeiteten Identität* mündet. Vielmehr sind die Verläufe und Ergebnisse beim Bemühen um Identität unterschiedlich. So entwickelt sich aus Gründen einer multikulturellen Gesellschaft beispielsweise ein gesonderter Identitätsstatus. Dieser ist gekennzeichnet durch Unverbindlichkeit, Offenheit und Flexibilität. Sowohl auf beruflicher als auch auf privater Ebene legen sich die Betroffenen nicht fest. Genau dieser Umgang mit den Anforderungen der Gesellschaft, könnte zukünftig von Vorteil sein. Hingegen scheint verloren, wer festgefahrene Wertordnungen und Lebensziele formuliert und sich einer Umwelt voller wechselnder Erwartungen und Bedingungen ausgesetzt sieht (Oerter & Dreher 2002).

Das Zentrum der Identitätsbildung ist die bewusste Auseinandersetzung mit der eigenen Person und der sozialen Umwelt. Voraussetzung hierfür ist die Fähigkeit zur Selbstreflexion. Spätestens zu diesem Zeitpunkt erkennen wir Widersprüche und Unstimmigkeiten zwischen dem Zustand der aktuellen Identität und der erwünschten bzw. angestrebten Identität. Das Bewusstsein über diese *Real – Ideal – Diskrepanz* löst schmerzhafte Emotionen aus. Missverhältnisse in unserem Selbst verursachen also spannungsgeladene Gefühle. Es muss hier unterschieden werden zwischen drei Zuständen, in denen wir uns befinden können. Unsere derzeitige Situation zeigt das *Aktual – Selbst*. Das *Ideal – Selbst* entspricht der Wunschvorstellung, die wir über uns haben. Hingegen repräsentiert das *Sollen – Selbst* die gesellschaftlichen Verpflichtungen, Aufgaben und Erwartungen. Es können viele Formen der widersprüchlichen Unstimmigkeiten in unserem Erleben vorkommen. So können die Attribute, Fähigkeiten und äußerlichen Merkmale nicht mit unseren erwünschten Vorstellungen von unserer Person übereinstimmen. Der aktuelle Stand der Selbstattribute entspricht nicht dem Zukunftsentwurf, den es zu erreichen gilt. Unsere Gefühlslage schwankt in diesem Fall zwischen Enttäuschung und Unzufriedenheit. Es kann aber auch eine Abweichung unserer Selbstattribute von dem Bild, das wichtige Bezugspersonen von uns haben vorliegen. Wir erleben Schamgefühle, Verlegenheit und Niedergeschlagenheit. Widersprechen sich unser wahrgenommener aktueller Stand der Selbstattribute und der Sollen – Zustand, der von der sozialen Umwelt vermittelt wird, empfinden wir Furcht und Bedrohung vor einem zukünftig erwarteten Schmerz. Entspricht der aktuelle Stand der Selbstattribute nicht den Wünschen und Vorstellungen über die einzugehenden Aufgaben und Verpflichtungen in unserem Leben, können sich Unbehagen und Selbstverurteilung einstellen (Higgins 1987).

Die Diskrepanz zwischen *Real* und *Ideal* ist allerdings nicht ausschließlich jugendspezifisch, sondern begleitet uns ein Leben lang. Wir erleben immer wieder Widersprüchlichkeiten zwischen eigenen Erwartungen und Fremderwartungen. Wir sind gefordert ein Gleichgewicht zwischen Wunsch und Wirklichkeit herzustellen, um uns selbst zu finden. In unserer Jugend lösen wir diese Aufgabe der Selbstdefinition durch das Verwenden von Symbolen. Diese umfassen beispielsweise spezielle Kleidung, Accessoires, eine besondere Frisur, spezifische Ausdrucksweisen oder bestimmte musikalische Präferenzen. Hat eine Person ihre Identitätsziele festgelegt, möchte sie diese auch um jeden Preis als symbolische Selbstergänzung in die Realität umsetzen. Auch dann, wenn die Realisierung eine Realitätsverzerrung bedeuten würde. Hier liegt die Ursache für den häufig sehr ausgeprägten *Egozentrismus* in der Jugend. Als Jugendliche wählen wir die verwendeten Symbole mit dem Anspruch, dass dieselben der sozialen Umwelt unsere Selbstdefinition unmissverständlich verdeutlichen. Wir sehen uns vor die Aufgabe gestellt, Symbole zu finden, die geeignet sind, sowohl Gleichaltrigen, als auch Erwachsenen unsere Selbstdefinition zu vermitteln. Die Symbole der Erwachsenenkultur umfassen neben erwünschten Symbolen, wie beispielsweise gute Schulleistungen, auch unerwünschte wie Drogenmissbrauch und/oder verfrühtes Sexualleben.

Die beginnende Selbstreflexion verursacht in der Jugend eine ansteigende Selbstaufmerksamkeit und erzeugt darüber hinaus eine erhöhte Sensibilisierung für Selbstdefizite und Verletzungen. Das Spektrum unserer Bemühungen um einen Ausgleich bzw. einer Vervollständigung des Selbst kann von hoher Realitätsnähe bis hin zu Realitätsferne reichen. Bei „angemessener" Identitätsbildung haben schulischer oder beruflicher Erfolg sowie Akzeptanz im sozialen Umfeld (Familie, Peergruppe) eine identitätsstabilisierende Wirkung. Die Selbstergänzung verhilft uns hier zur Entwicklung der „gelingenden" Identität. Unsere Bemühungen um Selbstvervollständigung versagen hingegen, bekommen wir von außen keine Unterstützung zur Selbstfindung. Die Folgen können Drogenkonsum, Kriminalität und das Anschließen einer extremen Subkultur sein. Zur Selbstaufgabe bis zum Suizid kommt es dann, wenn alle Bemühungen generell scheitern (Oerter & Dreher 2002).

Die Ungleichheit des Selbst und das Gefühl der Unvollständigkeit hängen eng zusammen mit Unvereinbarkeiten und widersprüchlichen Gegebenheiten. Die Bemühung um Identitätskonstruktionen in der Jugendzeit überschneidet sich mit unvereinbaren Zielen und Wertvorstellungen. Widersprüche sind zentrales Charakteristikum im Zustand der Verarbeitung und des Hinterfragens. Die Erarbeitete Identität gilt auch hier als erstrebenswertes Ziel, wobei wir sehen werden, dass dies auch auf unser Erwachsenenalter zutrifft.

Auf der Grundlage verschiedener Untersuchungen zum Menschenbild können zwei Stufen der Identitätsbildung unterschieden werden. (1) Auf der Stufe der autonomen Identität wird der Mensch als Wesen mit klar definierten Lebenszielen und Wertvorstellungen gesehen. Wir fühlen uns diesen verpflichtet und erkennen unsere Fähigkeiten und Möglichkeiten an. Widersprüche sind durch konsequentes Handeln seltener gegeben. Wenn

Identität als Einheit begriffen wird, dann sind Dilemmata und Konflikte durch die Orientierung an eigenen festgelegten Wertmaßstäben meist vermeidbar. (2) Im frühen Erwachsenenalter entwickelt sich dann eine qualitative Strukturveränderung. Der Widerspruch ist hier wesentliches Kennzeichen des Menschseins. Unvereinbare Identitätskonstruktionen und Lebensentwürfe stehen im Fokus der Auseinandersetzung. Diese Stufe der Identitätskonzeption ist durch permanente Gegensätzlichkeiten, z. B. das Berufs – Familien – Dilemma oder der Widerspruch in Gegenwarts- und Zukunftsorientierung, bestimmt. Widersprüche gehören zum Menschen. Das Selbst ist nicht mehr ausschließlich für sich selbst existierendes und selbst bestimmtes Subjekt, sondern eine durch die soziale Umwelt mitdefinierte Identität. Nur durch aktive wechselseitige Beziehungen und einen Austausch mit anderen bildet sich die Identität weiter. Zum inneren Widerspruch kommt es dann, wenn wir dem Versuch nachgehen, Wesenszüge und Persönlichkeitseigenschaften anderer Personen zu verinnerlichen.

Wer eine autonome Identität entwickelt hat, nimmt andere Menschen gleichermaßen als selbstständig, unabhängig und einmalig wahr. Durch den Respekt gegenüber der Selbstverantwortlichkeit des Gegenübers werden Grenzvermischungen und Beeinflussungsversuche vermieden. Wir erkennen, dass andere Personen andere Überzeugungen und Weltanschauungen haben. Die eigene Wahrheit hat keinen Anspruch auf alleinige Gültigkeit. Diese Haltung reicht aber für eine erfolgreiche Krisenbewältigung nicht aus. Nur wenn wir erkennen, dass wir in einer engen Wechselbeziehung zueinanderstehen und uns gegenseitig bedingen, können bestehende Konflikte aufgearbeitet und gelöst werden (Oerter, Oerter 1993).

In den bisherigen Ausführungen wurde Identität überwiegend als ein Prozess beschrieben, den wir vor allem allein bewältigen, obwohl uns eine

Vielzahl spezifischer Definitionsräume zur Verfügung steht. Wir können uns selbst nicht ohne die Beziehungen zu unserer sozialen Umwelt betrachten. Dies wird in der Jugendphase besonders deutlich.

Der Lebensraum im Jugendalter unterscheidet sich deutlich von dem in der Kindheit und im Erwachsenenalter. Der zentrale Konflikt des Jugendlichen liegt in der Stellung zwischen Kindheit und Erwachsenendasein. Wir erleben belastende Unsicherheiten von zwei Seiten. Zum einen durch den Übergang in einen wenig strukturierten und bislang unbekannten Lebensbereich, der viele Sorgen und Versagensängste mit sich bringt. Zum anderen führen uns dramatische körperliche Veränderungen, besonders durch die Reaktionen der Umwelt, zu starker Verwirrung (Lewin 1963). Grad und Ausmaß unseres Konflikts sind sowohl von der Kluft zwischen der Erwachsenenkultur und der Kindheit als auch von unserer Wahrnehmung als Grenzperson abhängig. Können wir diesen Zustand nicht aufarbeiten, mündet er in einer gesellschaftlichen Entfremdung und/oder in der Flucht in alternative Lebensformen. Der Mensch steht in einer Wechselbeziehung zu seiner Umgebung. Das Netz aus vielfältigen Bindungen vermittelt uns speziell in der Jugend ein Gefühl von Sicherheit in der Welt. Die Umweltbereiche Familie und Peergruppe nehmen in der Identitätsentwicklung des Jugendlichen eine entscheidende Rolle ein.

Der Familie kommt sowohl in der Kindheit als auch in der Jugendphase eine große Bedeutung für die Identitätsbildung zu. Eine unserer wichtigsten Aufgaben in unserer Jugend ist das Loslösen von der Ursprungsfamilie, um ein autonomes und selbstbestimmtes Leben führen zu können. Die elterliche Reaktion auf diese Beziehungstransformation kann auf unterschiedliche Weise verlaufen. So können die Eltern festhalten und das Ablösen unterbinden, weil sie sich über ihr Elterndasein definieren und nicht bereit sind, eine neue Rolle im Leben zu finden. Auch gibt es Eltern, die versuchen, ihre Kinder festzuhalten und zugleich auszusenden. Andere verstoßen und vernachlässigen ihre Kinder regelrecht, weil diese ihrem Allmachtsanspruch nicht mehr hörig sind.

Bei einer Untersuchung wurden junge Erwachsene gebeten, die Ablösungsphase mit ihren Eltern in der Retrospektive zu charakterisieren. Aus der beschriebenen emotionalen Reaktion der Eltern konnten drei Ablösungsmodi differenziert werden. Bei einer unerlaubten Distanzierung der Jugendlichen von den Eltern entwickelt sich eine beidseitige Entfremdung voneinander. Eine andere Reaktion ist die Konfliktvermeidung, die mit einer instrumentellen Übereinstimmung einhergeht (*Regulationsmodus*). Demgegenüber kann ein gegenseitiges Vertrauen wachsen, wenn die Distanzierung und Abnablung vom Elternhaus in beidseitigem Einverständnis geschieht (Dreher, Dreher 2002).

Unterschiedliche Auffassungen und Lebenskonzepte sowie Konflikte zwischen Eltern und Kind sind wichtiger Bestandteil des Ablösungsprozesses. Die Beziehung muss also nicht zwangsläufig anhaltend geschädigt werden. Vielmehr ist die Aushandlung unterschiedlicher Sichtweisen entscheidend. Hierzu gehört auch die Wahrnehmung, die die „Parteien" voneinander haben. Die Abnablung ist dann nachhaltig krisengeladen, ist das Konfliktniveau über eine längere Zeitspanne besonders hoch. Regulierende Prozesse, wie beispielsweise offene Gespräche, sind dann häufig nicht mehr möglich.

Im Alter von zwölf bis sechzehn Jahren ist die Beziehung zwischen Eltern und Kindern beider Geschlechter besonders konfliktreich. Bei einer großen Längsschnittuntersuchung konnte belegt werden, dass die familiären Beziehungen dann problematisch werden, haben beide Seiten eine unterschiedliche Sicht von der Situation im Elternhaus. Die Elternteile kämpfen mit Sorgen um das Kind, und sprechen ihm aus Angst vor Kontrollverlust selbstständige Entscheidungen ab. Das geringe Vertrauen in sein Handlungsvermögen, das dem Jugendlichen entgegengebracht wird, verstärkt Entfremdung und emotionale Distanzierungsprozesse. Da häufig zwischen der Wunschvorstellung der Eltern und der Realität eine große Diskrepanz besteht, erleben Kinder ihre Eltern als uninteressiert, kommunikations- und konfliktunfähig. Das wechselseitige Vertrauen schwächt auf dramatische Weise ab, wobei der Jugendliche zu der Überzeugung gelangt weder akzeptiert noch verstanden zu werden.

Eine gelingende Interaktion zwischen Eltern und Kind stärkt die Beziehung und verhilft zu einem gegenseitigen Verständnis. Neben der verständnisvollen und ehrlichen Kommunikation ist die gegenseitige Freude aufeinander entscheidend für den Problemlöseprozess. Nur durch beidseitige faire und gerechte Regelaushandlungen, und der Vermeidung von Willkür, kann ein gelingendes Miteinander erreicht werden.

Speziell in der Frühphase der Jugendperiode sind gemeinsame Aktivitäten wichtig. Darüber wirkt sich ein dominantes und autoritäres Verhalten ebenso wie eine Überbehütung kontraproduktiv auf die Beziehungsstruktur aus. Vielmehr bewähren sich ein an Argumenten orientierter Erziehungsstil und die gleichzeitige Aufrechterhaltung von unterstützenden Maßnahmen. Jugendliche benötigen zur Selbstwertentwicklung Zwischenräume für Unabhängigkeit. Nur hierdurch können Selbstvertrauen und Autonomie aufgebaut werden. Auch sollten die Eltern ein realistisches Bild ihrer Kinder entwickeln und nicht an Wunschvorstellungen festhalten, denen der Jugendliche weder entspricht noch gerecht werden kann. Eine Übereinstimmung zwischen dem Bild der Eltern von ihrem Kind und dem Selbstbild des Jugendlichen sollte bestehen.

Der Gleichaltrigengruppe kommt neben der Familie in unserer Jugend eine wichtige Funktion zu. Sie vermittelt uns ein Gefühl von Gleichgesinntheit und Souveränität, wie es Erwachsene nicht leisten können. Durch das vorherrschende Gleichheitsprinzip innerhalb der Gruppe erleben wir erstmalig Akzeptanz. Dies verhilft uns zu einem Gefühl von Selbstständigkeit. Die Peergruppe integriert Unabhängigkeit und wechselseitige Abhängigkeit. Mit der einsetzenden Selbstreflexion erfahren wir eine Einsamkeit, die innerhalb der Gruppe kompensiert werden kann. Die Gruppenzugehörigkeit trägt außerdem zu einer Orientierung und Stabilisierung in einer ungewissen Welt bei. Der soziale Freiraum, den die Gleichaltrigengruppe bietet, ermöglicht uns die Erprobung sozialer Verhaltensweisen. Auch erfüllt sie durch eine normierende Wirkung eine wichtige Funktion in der Abnablung vom Elternhaus. Die in der Gruppe angebotenen Identifikationsmöglichkeiten tragen zur Identitätsfindung bei. So bekommt jedes Mitglied die Möglichkeit der Selbstdarstellung und kann den für diese Lebensphase typischen jugendlichen Egoismus durch auffälliges Verhalten ausleben.

Bei jeder Gruppenbildung entsteht neben den Entfaltungsmöglichkeiten des Einzelnen auch eine Hierarchie, wobei mindestens ein Gruppenmitglied einen hohen Grad an Dominanz aufweist. In einem Konkurrenzverhältnis grenzt sich die Gruppe aus identitätsstabilisierenden Gründen von anderen Gruppen ab. Dennoch ist eine Peergruppe nicht als fest gefügte Gruppe mit einem starken Normengefüge zu verstehen. Auch eine strenge Rollenverteilung ist nicht immer gegeben. Vielmehr weist eine Gleichaltrigengruppe, trotz ihrer Einheitlichkeit, vielfältige Ausprägungsformen und Lebensstile auf. Meist verfügt die Gruppe über eine durch Interpretationsspielraum gekennzeichnete Sammlung von Regeln, die der Einzelne erwerben und mit den Gruppenmitgliedern abstimmen muss. Die Zugehörigkeit zu einer Gruppe schließt zudem die Teilhabe an einer anderen Gruppe nicht immer aus (Bourdieu 1987).

Trotz der großen Bedeutung, die gleichaltrigen sozialen Beziehungen zukommt, sind viele Jugendliche in der krisenhaften Jugendperiode isoliert. Nicht alle können in einen Freundeskreis eingebunden werden.

In einer Studie konnte aufgezeigt werden, dass isolierte Jugendliche weniger Tendenzen zu Problemverhalten aufweisen und sich stärker an den Erwachsenen in ihrem Umfeld als an Gleichaltrigen orientieren. Ein in eine Gruppe eingebundener Jugendlicher grenzt sich weitaus häufiger und stärker von den Leistungsnormen Erwachsener ab. Ein Jugendlicher, der aber weder innerhalb einer gleichaltrigen Gruppe noch in der Schule und/oder im Elternhaus Anerkennung und Akzeptanz erfährt, fühlt sich leicht als ungeliebter Außenseiter. Neben einem niedrigen Selbstwertgefühl kann sich auch eine entsprechend niedrige Ich – Stärke (*Kompetenzbewusstsein, Handlungs-* und *Emotionskontrolle*) bilden. Demgegenüber zeigten die inner- und außerschulisch Kontaktfreudigen und in mehrere Gruppen eingebundenen Jugendlichen, ein bedeutend höheres Selbstbewusstsein und verfügten über ein stabiles und positives Selbstbild (Fend 1998).

Die Jugendphase geht mit vielen Krisen und Entscheidungsfindungen einher. Wesentliche Aspekte des Jugendalters sind die Bewältigung der unterschiedlichen Rollen. Wir müssen ein Gefühl von Einheit und Ganzheit entwickeln und uns in verschiedenen Handlungssituationen als ein und dieselbe Person erleben und dürfen nicht in der Vielzahl der unterschiedlichen Rollen „zerstreuen". Darüber hinaus ist unsere Aufgabe als Jugendliche ein *biografisches Bewusstsein* zu entwickeln, dass es uns ermöglicht die Ereignisse in unserem bisherigen Leben in einen sinnvollen Zusammenhang zu bringen.
Identität gewinnt, wer die Frage nach der eigenen Identität autonom zu stellen beginnt und beantwortet. Selbstständigkeit heißt also:

> *Ich bestimme selbst, was ich wollen will, gemäß Kriterien, die ich selbst bestimmen kann* (Nunner-Winkler 1990).

Auf einen Blick

- Unsere selbstverständliche Welthinnahme des Kindesalters haben wir in der Jugendphase abgeschlossen.
- Im Jugendalter bauen wir uns einen Freundeskreis auf.
- Wir stellen Beziehungen zu Altersgenossen beiderlei Geschlechts her.
- Die Veränderungen des eigenen Körpers und die des Erscheinungsbildes lernen wir, zu akzeptieren.
- Es entsteht eine Unabhängigkeit von den Eltern (*Ablösung*).
- Wir entwickeln Vorstellungen in den Bereichen Beruf, Partnerschaft und Familie.
- Unsere Weltanschauung und die *Werte* und *Prinzipien*, die zukünftig vertreten werden sollen, werden klarer.
- Eine erreichte Identitätsreife bedeutet Konfrontationsarbeit.
- Für unsere Selbstdefinition verwenden wir besonders in unserer Jugend Symbole.
- Widersprüche sind zentrales Charakteristikum im Zustand der Verarbeitung und des Hinterfragens.

6
Wie wir als junge Erwachsene unsere Aufgaben meistern

Oder: Warum müssen wir Entscheidungen treffen?

„Sei eine erstklassige Ausgabe deiner selbst,
keine zweitklassige von jemand anderem." (J. Garland)

Zentrales Problem der menschlichen Persönlichkeit ist das Verhältnis von Beständigkeit und Veränderung. Auch über die Phase unserer Jugend hinaus müssen wir uns, trotz veränderter Lebenssituationen, als Einheit erleben. Nur so können wir uns Handlungsfähigkeit und psychische Gesundheit bewahren. Wir haben gesehen, dass wir in unserer Jugend eine stabile Identität entwickeln müssen, um die Aufgaben und Krisen im Erwachsenenleben bewältigen zu können. Identität ist also eine Voraussetzung für unsere Weiterentwicklung im Erwachsenenalter.

Formal wird das frühe Erwachsenenalter durch den Altersbereich von achtzehn bis neunundzwanzig Jahren definiert, wobei hier von fließenden Altersübergängen ausgegangen werden kann. Basierend auf der Abnabelung und Entfernung von der Primärfamilie und der Übernahme von beruflichen Pflichten, intensivieren und differenzieren sich unsere sozialen Beziehungen. Wir übernehmen mehr Verantwortung für unser Leben. Neben dem Aufbau persönlicher Partnerschaften, Lebensformen und eines Bekanntenkreises, findet eine Einbettung in soziale und gesellschaftliche Gruppen statt (Hobbys, Religion, Politik und soziales Engagement etc.).

Der Übergang vom Jugendalter in das frühe Erwachsenenalter kann anhand verschiedener Kennzeichen charakterisiert werden. Es müssen beispielsweise rechtliche Kriterien erfüllt sein. So ist die Volljährigkeit in Deutschland ab dem achtzehnten (bzw. einundzwanzigsten) Lebensjahr erreicht. Im juristischen Sinn ist der junge Erwachsene nun für sein Handeln selbst verantwortlich. Die psychologische Reife ist zu diesem Zeitpunkt

aber noch nicht unbedingt erfüllt. Der Einzelne ist oft nicht in der Lage ein selbstständiges und unabhängiges Leben zu führen. Auch wird der eigene Lebensunterhalt noch nicht selbst verdient. Das Alter reicht also als Kriterium für das Erwachsensein nicht aus (Krampen, Reichle 2002).
Exakte Normen oder Entwicklungsaufgaben, als Kriterien für das Erreichen des Erwachsenenstatus, können weder genau noch allgemeingültig definiert werden. Die Wege ins Erwachsenenleben sind individuell. Auch ist die psychische Reife ein schwer definierbares Kriterium für das Erwachsenendasein. Die Vorstellungen über eine reife Persönlichkeit klaffen sowohl im wissenschaftlichen, als auch im alltäglichen Verständnis weit auseinander. Einige Hauptentwicklungsaufgaben des jungen Erwachsenen können aber ausgemacht werden. Zum einen sollte eine Trennung von der Herkunftsfamilie stattfinden. Wir sollten ausziehen, finanziell unabhängiger und durch neue soziale Rollen selbstständiger werden. Um eine psychische Distanzierung von der Herkunftsfamilie zu erreichen, muss sich auch der Prozess des inneren Loslösens vollziehen. Wir müssen zudem erste Schritte in die Erwachsenenwelt wagen. Hierdurch können wir die neuen Möglichkeiten erproben und eigene Zielsetzungen (um)formulieren. Eine Erwachsenenidentität kann aufgebaut werden, wobei sowohl partnerschaftliche als auch berufliche Entscheidungen noch in einer Erprobungsphase sind.

Der Übergang ins Erwachsenenalter stellt also eine bedeutende Herausforderung in unserer Entwicklung dar. Die Konfrontation mit einer Vielzahl von Entwicklungsaufgaben bringt ein bisher unbekanntes Problemspektrum mit sich. Ferner erschweren die Übernahme von Eigenverantwortung und die Irreversibilität der getroffenen Entscheidungen den Prozess des Erwachsenwerdens (Reis 1997). Neben der Suche nach einem Lebenspartner bzw. einer Lebenspartnerin und dem Zusammenleben in einer engen Partnerschaft können die Entwicklungsaufgaben im frühen Erwachsenenalter auch die Familiengründung, die Kindererziehung, die Führung eines Hausstandes, den Berufseinstieg und die Übernahme öffentlicher Verantwortung sowie die Integration in eine soziale Bezugsgruppe umfassen.

Unsere sozialen Beziehungen haben eine wesentliche Bedeutung für unsere Entwicklungsprozesse im Erwachsenenalter. Als junge Erwachsene nehmen wir eine intime Partnerschaft auf. Neben der Auseinandersetzung mit der eigenen Identität sind auch die Beziehungsmuster, die einer gesellschaftlichen Veränderung unterliegen, ein lebenslanges Thema. In der Spätmoderne sieht sich der Einzelne immer mehr aus traditionellen Bindungen (Familien- und Verwandtschaftsbeziehungen) entlassen. Wir sind freier Gestalter unserer Beziehungen. Ein deutliches Zeichen ist die Brüchigkeit von ehelichen Gemeinschaften und die Zunahme von Singlehaushalten. Es entstehen hierdurch zwar befreiende Momente und ein Gewinn an Handlungsspielraum, dennoch beinhaltet dieser Prozess auch Zwänge und neue Anforderungen. Erwachsene sind gezwungen, Lebenskrisen häufig ohne soziale Unterstützung zu bewältigen. Ferner sind kritische Lebensereignisse immer mehr mit dem Bindungsverlust oder dem Umgang mit belastenden Beziehungen verbunden. Dennoch bieten uns sowohl traditionelle als auch alternative Lebensformen und Beziehungen einen größeren Gestaltungsspielraum. Die subjektive Einflussnahme auf die persönliche Entfaltung ist deutlich gestiegen.

Auf unsere Entwicklung nimmt die soziale Umwelt kontinuierlich Einfluss. Damit wir auf unsere sozialen Rollen vorbereitet sind, müssen wir notwendigerweise bestimmte Fähigkeiten, Handlungsweisen und Werte erwerben. Dies erfolgt vor allem durch die Anleitung und die Belehrung durch andere. Zudem beobachten wir Vorbilder und ahmen sie nach. Über Strafe und Belohnung lernen wir, was von uns erwartet wird und was nicht (Montada 2002). Die Gesamtgesellschaft, Institutionen und Interaktionen beeinflussen uns in einem hohen und wechselseitigen Maß.

Mit viel Anstrengung und Energieaufwand suchen wir unseren Platz in der Gesellschaft. Auf psychischer Ebene wird unser Selbst im jungen Erwachsenenalter weiter ausdifferenziert. Wir definieren auf der Basis unseres in der Jugend erworbenen vorläufigen Identitätsgefühls, weitere Interessen, Überzeugungen, Kompetenzen, Wertvorstellungen und Wünsche. Wir entwickeln uns seelisch weiter. Aus Vergleichsgründen und Anpassungsversuchen treten wir vermehrt in einen Konkurrenzkampf mit anderen. Auch intensivieren wir unser partnerschaftliches Verhältnis. Nach den Veränderungen in unserer Jugend erreichen wir nun eine Phase der körperlichen Stabilität, die uns durch unsere Leistungsfähigkeit ein Gefühl von Stärke erleben lässt.

Welche Stellung wir in der Erwachsenenwelt einnehmen, wird auch durch gesellschaftliche Erwartungen bestimmt. Besonders der soziale Status ermöglicht die Wahrnehmung neuer Rechte und Pflichten. Auch erfahren wir durch die neuen Möglichkeiten und Chancen in der Erwachsenenwelt ein unbekanntes Selbstbewusstsein. Wir verfügen nun über einen erweiterten Erfahrungshorizont und definieren uns in einem weiten Beziehungskontext. So steigt unser Interesse für Politik, soziale Fragen und für die Arbeitswelt. Auch begreifen wir nun das Ausmaß des Zusammenhangs dieser Prozesse, die sich auf unser eigenes Leben auswirken.

Die Phase des jungen Erwachsenenalters ist durch die Verwirklichung eigener Ideen und Ziele gekennzeichnet. Im Vergleich zu einem Jugendlichen sind die Handlungsweisen des jungen Erwachsenen geplanter und weisen einen höheren Grad an Kontrolle auf. Dies liegt nicht zuletzt an einer neuen Perspektive auf die eigene Person. Wir sehen uns nicht ausschließlich als Ganzes, sondern nehmen auch einzelne Merkmale unserer Person wahr. Beim Erleben eigener Schwächen stellen wir nicht mehr unsere ganze Person und unsere Existenz infrage, sondern gehen dem konstruktiven Versuch nach, an unseren Schwächen zu arbeiten oder dieselben neben unseren Stärken anzuerkennen. Trotz dieses großen Vertrauens in sich selbst und die eigenen Fähigkeiten sind Enttäuschungen charakteristisches Merkmal dieser Lebensphase. In der Folge erleben wir Desillusionierungen und depressive Perioden. Diese schmerzlichen Erfahrungen können, durch ein in der Regel vorhandenes Reservoir an Selbstvertrauen, ausgehalten und überwunden werden (Faltermaier 2002).

Wir formen und erproben eine erste erwachsene Lebensstruktur (Levinson 1979, 1980). Diese ist geprägt von Entscheidungen, die wir treffen müssen. Eine Verantwortung, die nicht immer rückgängig zu machen ist. Realistische Lebensentscheidungen sind wichtig für unser biografisches Stabilitätswahrnehmen. Wir erleben ein Gefühl von innerer Zufriedenheit. Die Vorhersehbarkeit eines Lebenslaufs ist heute allerdings nicht mehr zwangläufig gegeben. Entsprechend schwierig stellt sich die Beurteilung hinsichtlich der Realisierbarkeit einer Entscheidung dar. Die Planbarkeit eines Lebenswegs ist flexiblen Lebensentscheidungen gewichen.

Im Zuge gesellschaftlicher Modernisierungsprozesse können deutliche Tendenzen zur Auflösung der Normalbiografie beobachtet werden. Wir verfügen über mehr Handlungsoptionen und müssen uns aktiver bemühen. In unserer Gesellschaft vollziehen sich tief greifende Umbauprozesse, die sich als *Individualisierung* charakterisieren lassen. Die Normalbiografie wird zunehmend variabler. Sie wird zu einer „Wahlbiografie“ (Beck, Beck-Gernsheim 1994). Wir gestalten unseren Werdegang vielfältiger und sehen uns verschiedenen biografischen Kombinationsmöglichkeiten gegenübergestellt. Dies bietet uns zwar mehr persönliche Freiheit, aber wir verlieren auch an Stabilität und müssen ggf. auf soziale Absicherung verzichten. Der Zwang zur Flexibilität fordert zudem auch die persönliche Verantwortung für alle individuell getroffenen Entscheidungen. Das ehemalige Arbeitsverhältnis wird für einen Bevölkerungsteil zu Phasen der befristeten Vollzeit- und Teilzeitarbeit. Hinzu kommen Phasen der Arbeitslosigkeit und Weiterbildung, die ggf. sogar einen Berufswechsel fordern. Ähnliche Strukturen weisen auch die Familienverhältnisse auf. Trennung, Scheidung und Phasen des Alleinlebens unterbrechen Phasen der Eheschließung und Familiengründung. Die biografischen Entscheidungen, die wir heute treffen müssen, bieten zwar vielfältige Optionen, aber eine soziale Absicherung entfällt. Viele Menschen finden durch den schnellen gesellschaftlichen Wandel als Erwachsene andere Bedingungen vor, als die in der Sozialisation vermittelten Lebensvorstellungen ursprünglich erwarten ließen.

Durch die Verlängerung der Jugendphase und einem individuellen und daher ungleich verlaufenden Übergangsprozess in das Erwachsenenalter können wir viele Krisen der jugendlichen Identitätsbildung oft erst in der Phase des frühen Erwachsenenalters bearbeiten. Entsprechend kann von einer stetigen Weiterentwicklung der Identitätsbildung im Erwachsenenalter ausgegangen werden. Vorangetrieben wird diese primär von neuen Anforderungen und Erfahrungen mit denen wir konfrontiert werden. Als Bewältigungsstrategie muss hierfür eine Balance zwischen Anpassung und Selbstverwirklichung entwickelt werden. Neben der Akzeptanz in der sozialen Umwelt müssen wir als junge Menschen auch unsere Individualität weiterentwickeln. Geschieht dies nicht, so können die wechselnden sozialen Forderungen zur Anpassung in einer Selbstspaltung oder in einem Identitätsverlust münden. Oder wir überschätzen aus Abwehrgründen unsere persönlichen Gestaltungsmöglichkeiten. Auch die Verleugnung der Realität ist hier wahrscheinlich. In diesem Fall können die Verdrängungen eigener Misserfolge zu einem schweren Realitätsverlust führen. Während die Folgen einer Fehlentscheidung in der Jugend noch relativ unproblematisch sein können, sind sie im frühen Erwachsenenalter mit schwerwiegenden und ggf. weitreichenden Auswirkungen verknüpft.
Wir sehen uns Anforderungen und Möglichkeiten gegenübergestellt, die unsere Lebenssituation über eine längere Zeitspanne hin labilisieren und

flexibilisieren. So haben wir die Wahl zwischen vielen Lebensstilen und Freizeitangeboten, die uns ermöglichen unser Leben nach eigenen Vorstellungen zu „basteln". Die scheinbar unzähligen und attraktiven Möglichkeiten der Lebensgestaltung implizieren aber auch Gefahren. Zu leicht ist der Wechsel von einer Rolle in die nächste, speziell dann, wenn wir den herrschenden Vorstellungen entsprechen wollen:

erfolgreich, dynamisch, modisch, schön, sportlich, reich.

Diese dominanten Idealbilder bieten den Nährboden für eine Vielzahl von Identitätskrisen. Insbesondere dadurch, dass die Erhaltung einer eigenen Persönlichkeitsintegrität unter diesen Umständen und bei mehrfachem Scheitern, kaum möglich zu sein scheint. Darüber hinaus ist die Selbstfindung im frühen Erwachsenenalter auch noch durch den zunehmenden Mangel an sozialen Einbindungen erschwert. Fehlt ein emotionales Sicherheitsnetz, steigt das Risiko des Erfolgsversagens deutlich an. Der junge Erwachsene findet sich nicht wieder. In diesem Fall fühlen wir uns verloren und zersplittern.

Im frühen Erwachsenenalter gehen wir eine Vielzahl neuer Beziehungen ein. Beispielsweise im Freundeskreis, in der Berufswelt und in der Nachbarschaft. Auch unsere Beziehung zu der Ursprungsfamilie unterliegt einer starken Veränderung. Die finanzielle und emotionale Abhängigkeit wird im besten Fall durch Autonomie und Gleichberechtigung ersetzt. Es ist eine wesentliche Aufgabe des jungen Erwachsenen das Netzwerk seiner Beziehungen aktiv zu gestalten. Es besteht keine selbstverständliche Einbindung in die Familien und in Verwandtschaftsverhältnisse mehr. Wir haben die Möglichkeit, Beziehungen nach unseren persönlichen Wünschen und Interessenslagen einzugehen. Dieser Handlungszwang erhöht allerdings auch die Gefahr der sozialen Isoliertheit und psychischer sowie körperlicher Erkrankungen. So sind viele junge Menschen Krisensituationen und den damit in Verbindung stehenden Belastungen ohne soziale Unterstützung ausgeliefert.

Die Erwachsenensozialisation unterscheidet sich von der Jugendsozialisation in der stärkeren Handlungsrelevanz der Kompetenzen, Wertevorstellungen und Einstellungen des jungen Erwachsenen. Die Probehandlungen in unserer Jugend werden in der Periode des jungen Erwachsenenalters zur autonomen und eigenverantwortlichen Tätigkeit. Die bestehenden Identitätsprobleme in dieser Phase gründen vor allem auf den vielen widersprüchlichen gesellschaftlichen Erwartungen, die uns keine klaren Orientierungsangebote erkennen lassen. Der Entscheidungszwang geht einher, mit der Angst zu versagen und Fehlentscheidungen zu treffen. Besonders, da wir die Verantwortung hierfür alleine übernehmen müssen. Durch den gesellschaftlichen Wandel sehen wir uns mit einer Welt konfrontiert, die nicht mehr zu unserem Lebensmodell aus Kindheit und Jugend passt. Wir finden veränderte Verhältnisse vor, denen wir uns ausgeliefert und unterworfen fühlen.

Durch Familiengründung und den Eintritt in die Berufswelt findet eine Anpassung an diese neuen Anforderungen statt. Da die Identität eines Menschen auch von dem beruflichen Werdegang bestimmt wird, stellt dieser eine wichtige Entwicklungsaufgabe dar. Die gesellschaftliche Position, die wir im sozialen Ganzen einnehmen, wirkt sich nicht unerheblich auf unsere Selbstdefinition aus. Auch die finanziellen Möglichkeiten haben entscheidenden Anteil an unserer weiteren Teilnahme der Erwachsenenwelt und sind ferner ein Mittel zur Ablösung von der Herkunftsfamilie. Es besteht eine Wechselwirkung zwischen unseren beruflichen Möglichkeiten und unseren persönlichen Handlungen und Entwicklungsorientierungen. Sie bestimmen über Berufswahl, Berufseintritt und über unsere berufliche Karriere (Krampen, Reichle 2002). Unser Selbstwertgefühl ist entscheidender Faktor für unser Selbstbild und unsere Wahrnehmung der eigenen sozialen Kompetenzen. Darüber hinaus nimmt unser Selbstbild starken Einfluss darauf, wie erfolgreich unser Übergang in die Berufswelt verläuft. Es bestimmt mit, ob wir eine stabile berufliche Identität entwickeln werden.

Neben der Entwicklung einer beruflichen Identität wird von uns im jungen Erwachsenenalter auch das Eingehen einer stabilen Partnerbeziehung, die Gründung eines eigenen Hausstandes und einer Familie erwartet.
Stabile und dauerhafte Partnerbeziehungen werden in dieser Altersperiode erstmals eingegangen. Sie zeichnen sich im Vergleich zu den ersten Liebesbeziehungen in der Jugendphase durch eine stärkere emotionale Intensität und Verbindlichkeit aus. Körperliche und sexuelle Nähe sowie die gegenseitige Übernahme der Verantwortung für den anderen charakterisieren in dieser Lebensphase die Intimität einer partnerschaftlichen Beziehung. Trotz eines Rückgangs der Eheschließungen und der Möglichkeiten eine sexuell ungebundene Beziehung einzugehen, bleibt der Wunsch nach einer stabilen Liebesbeziehung im frühen Erwachsenenalter meist bestehen. Besonders für Frauen hat ein Umbruch in ihrer Lebenssituation stattgefunden. Sie haben nicht nur verbesserte Bildungschancen und Karrieremöglichkeiten. Durch die sexuelle Liberalisierung und die Empfängnisverhütung gestalten Frauen ihr Leben zunehmend autonom. Sie haben mehr Gestaltungsmöglichkeiten und Entscheidungsspielraum.

Dennoch besteht die traditionelle geschlechterspezifische Arbeitsteilung noch. Für Frauen bleibt die Individualisierung häufig unvollständig – sie sind in einem Zwischenstadium gefangen. Diesen Widerspruch zwischen dem eigenen Anspruch, den gesellschaftlichen Anforderungen und der Wirklichkeit müssen besonders junge Frauen bewältigen. Gerade im frühen Erwachsenenalter entstehen durch die im Beziehungsalltag aufrechterhaltenden Geschlechtsrollenstereotypen leicht Konflikte. Auch junge Männer bleiben hiervon nicht unberührt. Sie sind gezwungen aus einer Position der Verteidigung zu argumentieren, dringt die Geschlechterfrage in ihre Partnerbeziehung. Die privilegierte Situation des

Mannes, in Konfrontation mit der neuen Aufteilung der Rollen, kann aber auch als Entwicklungschance begriffen werden. So kann der Mann seine Identität hinterfragen und ggf. die Möglichkeit zur Befreiung aus seiner festgelegten männlichen Rolle nutzen. Die intime Beziehung könnte trotz der gesellschaftlichen Grenzen neu definiert werden und den Bedürfnissen und Ansprüchen beider Partner gerecht werden.

Jede Lebensveränderung erfordern von uns starke Anpassungsleistungen. Besonders die Familienentwicklungsprozesse sind durch zwei Veränderungsarten gekennzeichnet, die auf verschiedene Weise bewältigt werden könne. Qualitative Veränderungen äußerlicher Art umfassen Veränderungen der Rolle und Restrukturierungen unserer persönlichen Fähigkeiten, um die neuen Aufgaben lösen zu können. Auch kann ggf. eine Reorganisation der Beziehungen nötig sein (Cowan 1991). Ferner vollziehen sich qualitative Veränderungen in unserer Selbstwahrnehmung und unserem Weltbild, die vor allem durch das Testen neuer Alternativmöglichkeiten bewältigt werden können. Mit der Übernahme der Elternrolle entstehen dann weitere Sozialisationsprozesse. Wir sehen uns mit neuen Verantwortungsbereichen und Anforderungen konfrontiert. So ist die Kinderfrage ein Wendepunkt im Lebenslauf. Die Motive für oder gegen Kinder hängen von unseren individuellen Bedürfnissen, Erfahrungswerten, der aktuellen Lebenssituation und Lebensplanung ab. In den meisten Fällen ist der Kinderwunsch mit ambivalenten und konfliktgeladenen Gefühlen gekoppelt. Sowohl die Schwangerschaft als auch die Geburt und das frühe Elternsein sind kritische Lebensphasen, die viel Verunsicherung und Ängste auslösen können.

Die frühe Elternphase ist eine Herausforderung und eine Umstellung, die sich auch in der Partnerschaft bemerkbar macht. So findet in der Regel eine Rückkehr zu den traditionellen Geschlechterrollen statt. Die Zufriedenheit in der Partnerschaft sinkt, wobei sich die Bewältigung der neuen Veränderungen auf unterschiedliche Weise vollzieht. Dies hängt stark von den innerpsychischen Konflikten der Partnerschaft und den individuellen

Bewältigungsstrategien ab. Im familienzentrierten Alltag bleibt wenig Zeit für Freizeitgestaltung und Pflege der partnerschaftlichen Bindung.

Sozialisationsprozesse finden in vielen Bereichen unseres jungen Erwachsenenlebens statt. Besonders im Lebensbereich der Freizeitgestaltung, der eine persönliche Bedürfniserfüllung darstellt, sehen wir uns mit vielen gesellschaftlichen Anforderungen und sozialen Erwartungen konfrontiert. So konkurriert unser Selbst nicht nur im Beruf mit anderen Mitstreitern, sondern auch mehr und mehr in der Freizeit. Die erwartete effektvolle Inszenierung ist dabei von Geschlechtszugehörigkeit und Wirkungskreis abhängig. Der Einzelne soll angepasster Teil einer Bezugskultur sein. Eine Möglichkeit des Umgangs und der Bewältigung dieser Anforderungen ist, sich selbst zu finden und gleichzeitig ein Gleichgewicht zwischen der eigenen persönlichen Identität und der geforderten Anpassung an die Gruppe herzustellen. Besonders eignet sich hierfür das Engagement in öffentlichen oder politischen Bereichen. Dieses bietet uns die Chance Kompetenzen, wie beispielsweise die Fähigkeit zur Selbstorganisation für gemeinsame Ziele, den Umgang mit Macht und Medienöffentlichkeit sowie das Agieren und Aushandeln von Kompromisslösungen in einer Gruppe umzusetzen.

Da die Persönlichkeitsentwicklung individuell verläuft, unterscheiden sich die Auffassungen junger Erwachsener darüber, ob sie die volle Entscheidungsgewalt über ihr Leben haben und dieses einschränkungslos nach ihren Vorstellungen und Wünschen gestalten können. Zurückzuführen auf die großen Spielräume in unserer individuellen Lebensführung, empfinden wir einen Gestaltungszwang, der uns Entscheidungen abfordert. Diese müssen wir in unserem Versuch Kontinuität zu bewahren, integrieren und zusammenfügen. Sicherlich drängt sich die Frage auf, ob unter diesen

Voraussetzungen, denen wir uns ausgesetzt sehen, eine Lebensplanung überhaupt noch Sinn macht (Faltermaier 2002).

Auf einen Blick

- Wir müssen uns auch im Erwachsenenalter als Einheit erleben, um handlungsfähig und psychisch gesund zu bleiben.
- Unsere Identität wird im frühen Erwachsenenalter zunehmend stabiler.
- Die Wege ins Erwachsenenleben sind individuell.
- Um eine psychische Distanzierung von der Herkunftsfamilie zu erreichen, müssen wir den Prozess des inneren Loslösens vollziehen.
- Als Erwachsene wir sind gezwungen, Lebenskrisen häufig ohne soziale Unterstützung zu bewältigen.
- Die Normalbiografie wird zunehmend variabler.
- Es steigt unser Interesse für Politik, soziale Fragen und für die Arbeitswelt.
- Stabile und dauerhafte Partnerbeziehungen gehen wir in dieser Altersperiode erstmals ein.
- Wir sehen uns nicht mehr ausschließlich als Ganzes, sondern nehmen auch einzelne Merkmale unserer Person wahr.
- Die Phase des jungen Erwachsenenalters ist durch die Verwirklichung eigener Ideen und Ziele gekennzeichnet.
- Wir erleben einen Entscheidungszwang, der einhergeht, mit der Angst zu versagen und Fehlentscheidungen zu treffen.
- Für Frauen bleibt die Individualisierung unvollständig, sie sind in einem Zwischenstadium gefangen.

Auf einen Blick

7
Wie wir reifen
Oder: Warum müssen wir auch als Erwachsene noch lernen?

„Die Zeit verwandelt uns nicht,
sie entfaltet uns nur.“ (M. Frisch)

Die spätmodernen Gesellschaften unterliegen einem tief greifenden Wandel. Entsprechend müssen sich auch Menschen im Erwachsenenalter den sich ständig verändernden Lebensverhältnissen anpassen. Hierzu zählt neben den neuen beruflichen und technologischen Anforderungen auch die Schnelllebigkeit sozialer Beziehungen. Als Erwachsene sehen wir uns ständig mit dem Zwang zu immer wieder neuen Identitätsbestimmungen konfrontiert. Identitätskrisen sind kein ausschließliches Charakteristikum der Jugend. Es existieren auch „Wiederholungskrisen“ im Erwachsenenalter. Wir müssen neue soziale Anforderungen permanent in unser Selbstbild integrieren. Hinzu erschwert der schnelle gesellschaftliche Wandel die Aufrechterhaltung unserer biografischen Kontinuität. Weil sich die Widersprüche im alltäglichen Leben oft nur zu Teilidentitäten integrieren lassen, scheint die Identitätsarbeit im Erwachsenenalter einer Dauerkrise gleichzukommen (Nunner-Winkler 1987).

Durch neue Erfahrungen wandeln wir ständig unsere bisherige Identitätsstruktur. Sind Umweltbedingungen nicht mehr mit unserem Selbstbild in Einklang zu bringen, verändern wir uns. Der umgekehrte Prozess ermöglicht die Integration interpretierter Erfahrungen in die Identitätsstruktur. Im besten Fall sind beide Möglichkeiten in einem Gleichgewicht. Störungen treten auf, wenn der eine Differenzierungsprozess den anderen dominiert. Das Ich wehrt neue Erfahrungen ab, die im Widerspruch zu dem Selbstbild stehen. Die Folge können massive Anpassungsprobleme sein. Durch den Realitätsverlust wird eine Krise ausgelöst. Im Gegenzug kommt es zur permanenten Anpassung neuer Erfahrungen an die Identitätsstruktur. Der Grund hierfür kann entweder in massiven Veränderungen der Lebensbedingungen, in einer zu schwach ausgeprägten oder einer sich zu schnell anpassenden Identitätsstruktur liegen. Durch eine mangelnde Persönlichkeitsstabilität können wir keine Kontinuität erfahren. Der Eintritt in eine Krise verhindert, dass wir uns als Einheit wahrnehmen. Es droht der Identitätsverlust. Die Herstellung eines Gleichgewichts hängt von der Bildung einer relativ stabilen Identität und von der Integrierbarkeit sozialer Bindungen ab. Sind wir einer widersprüchlichen, segmentierten und sich ständig wandelnden Umwelt ausgeliefert, wird die Integrationsarbeit erschwert.

Als Erwachsene sehen wir unser Leben als Ganzes. Ereignisse und soziale Einflüsse gewinnen an subjektiver Bedeutung im Kontext unserer Biografie. Wir formulieren eigene Ziele und Zukunftsvorstellungen und setzen entsprechend unsere Fähigkeiten und Ressourcen hierzu ein. Wir alle entwickeln einen Entwurf unseres Lebens. Der Grund liegt in der Verknüpfung der Vergangenheit (Lebensgeschichte) mit der Gegenwart und der Zukunft (Szenario). Sowohl die Komponente der Lebensgeschichte, als auch die des Szenarios müssen wir ständig in Einklang mit der Realität bringen. Immer wieder entstehen also Zukunftsentwürfe, durch die wir unsere Entwicklungsziele formulieren. Die Konstruktion und Rekonstruktion unserer Lebensgeschichte und die Entwürfe unserer Zukunftsperspektiven erleben wir als sinnstiftend. Durch die Herstellung einer kontinuierlichen Biografie bewahren wir unsere Identität.

Kontinuitätsherstellung und Identitätsarbeit stellen sich in einem Leben, das von Brüchen, Veränderungen und Krisen gekennzeichnet ist, als weitaus schwieriger dar. Bei der Herstellung einer konsistenten Lebensgeschichte haben wir ggf. eine relativ komplexe Vorstellung über unsere eigene psychische Entwicklung und unseren Lebenslauf. Die Entwicklung von Zielsetzungen und Idealen ermöglicht das bewusste Eingreifen in das eigene Leben. Allerdings sollten wir uns nicht einfach unreflektiert und passiv unserer Umwelt anpassen. Vielmehr ist unser aktives Dazutun ebenso wichtig für unsere Entwicklung, wie der Einfluss der sozialen, gesellschaftlichen und historischen Prozesse (Faltermaier 2002).

Die Verwirklichung unserer späteren erwachsenen Lebensstruktur ist gekennzeichnet durch das „Sesshaft-Werden“ und umfasst unsere Konzentration auf die subjektiv bedeutsamen Komponenten des Lebens. Hierzu zählen beispielsweise der Beruf, der Freundeskreis, die Familie und eine ggf. gemeinsame Freizeitgestaltung. Die Errungenschaft eines festen Platzes in der Gesellschaft und die Verwirklichung definierter Ziele und Wunschvorstellungen sind entscheidend in dieser Periode (Levinson 1979, 1980).

Die Übergänge zwischen den Lebensphasen des Erwachsenenalters sind kontinuierlich. Das mittlere Erwachsenenalter ist erst seit den 1970er Jahren im Interesse der Forschung. Bis zu diesem Zeitpunkt wurde davon ausgegangen, dass das Erwachsenwerden abgeschlossen sei, und dass das Individuum zwischen dem vierzigsten und sechzigsten Lebensjahr eine Phase der Konstanz durchlebe. Veränderungsprozesse würden sich erst wieder mit dem Übergang in das Alter vollziehen. Dem ist nicht so.

„*Wohl in der Mitte unseres Lebensweges*
geriet ich tief in einen dunklen Wald,
sodass vom graden Pfade ich verirrte.

Oh, schwer wird's mir, zu sagen, wie er war;
der wilde Wald, so finster und so rau;
Angst fasst aufs Neue mich, wenn ich dran denke;

so schmerzlich, dass der Tod kaum bittrer ist.“
(Dante Alighieri)

Die mittleren Erwachsenenjahre sind also ebenfalls krisenanfällig, wobei sich die Themen und Konflikte von Frauen und Männern in ihrer Identitätsentwicklung unterscheiden. Während für beide Geschlechter die Beziehungen und Bindungen wichtig sind, können dennoch Unterschiede in der Schwerpunktsetzung ausgemacht werden. Für Männer ist das zentrale Thema ihre eigene Identität und die entsprechenden Krisenabfolgen. Erst infolgedessen gelangen sie zu einer Auseinandersetzung in ihren intimen Beziehungen. Demgegenüber identifizieren sich Frauen häufig sehr stark mit ihren sozialen Bindungen. Besonders die Sorge um andere erschwert eine Trennung ihres Selbst von den Beziehungen in ihrem sozialen Umfeld. Während Männer die Distanz zu anderen Menschen meist strikt aufrechterhalten und sich über ihre eigenen Leistungserfolge definieren, ist die Abgrenzung von anderen Personen und die Wahrnehmung eigener Bedürfnisse die entscheidende Entwicklungsaufgabe für Frauen (Gilligan 1984).

Entwicklungspsychologische Studien weisen auf eine Krisenzeit im mittleren Erwachsenenalter hin und revidieren somit die ursprüngliche Konstanzvorstellung dieser Lebensphase. Es lassen sich sieben Erklärungsansätze zusammenfassen, die auf eine sog. *Midlife – Crisis* schließen lassen:

(1) Eine Folge der Geschlechtshormonabnahme bei beiden Geschlechtern, kann eine kritische Umstellung im Gleichgewicht von Körper und Seele sein.
(2) Die im frühen Erwachsenenalter gesetzten Langzeitziele erfordern durch eine Prüfung an der Realität ggf. eine Korrektur.
(3) Durch Vernachlässigung oder Nichterreichung von Lebenszielen und Wunschträumen, die im frühen

Erwachsenenalter definiert wurden, wird das bisherige Leben infrage gestellt.

(4) In der Verantwortungsübernahme für die nachfolgende Gesellschaft, besteht auch die Möglichkeit zu scheitern und sich den Anforderungen nicht gewachsen zu fühlen.

(5) Häufig wird sich in dieser Lebensperiode erstmals mit der Endlichkeit des eigenen Daseins auseinandergesetzt.

(6) Besonders kritische Veränderungen können zu einer Reflexion des bisherigen Lebensverlaufs führen. So stellt zum Beispiel der Auszug der Kinder aus dem Elternhaus eine solche dar.

(7) In den mittleren Erwachsenenjahren sieht sich der Einzelne häufig Lebensereignissen gegenübergestellt, wie beispielsweise im beruflichen, familiären oder gesundheitlichen Bereich, die einschneidende Veränderungen der Lebenssituation zur Folge haben (Brim 1976).

Angesichts dieser formulierten Erklärungsansätze wurde in den 1970er Jahren davon ausgegangen, dass das mittlere Erwachsenenalter weitaus krisenhaftere und belastungsreichere Momente aufweist als die anderen Lebensphasen. Diese Annahme bestätigen viele Studien. So wurden z. B. – anhand von Tonbadaufnahmen – die Patientenverläufe aus dem psychiatrischen Ambulatorium der University of California in Los Angeles dokumentiert. Es konnte festgestellt werden, dass im Alter zwischen fünfunddreißig und dreiundvierzig Jahren, Krisen und Problemfaktoren auftreten. Diese umfassten grundsätzliche Fragen, wie die nach Lebenszielen, die Beschäftigung mit der Endlichkeit des eigenen Lebens und eine erneute Konfliktauseinandersetzung mit den Eltern. Entsprechend dieser Ergebnisse, ist unser Erwachsenenalter durch ein Unabhängigkeitssuchen und Bewusstseinsstreben gekennzeichnet, in welches immer wieder Elemente vergangener Kindheitserinnerungen eindringen. Unser Kindheitsbewusstsein müssen wir aber langsam verarbeiten und aufgegeben. Dies geschieht durch die Reflexion und Verwerfung falscher Lebensannahmen. Es können vier falsche Grundüberzeugungen im Laufe unseres Lebens formuliert werden:

Alter	**Falsche Annahme**
16 – 21	*Ich werde immer meinen Eltern gehören und an ihre Welt glauben.*
22 – 28	*Wenn ich mit Willenskraft und Ausdauer alles so mache wie meine Eltern, werde ich Erfolg haben. Wenn ich aber zu frustriert bin oder verwirrt oder müde, oder wenn ich einfach nicht zurechtkomme, dann werden sie eingreifen und mir den rechten Weg zeigen.*
29 – 34	*Das Leben ist einfach und leicht zu meistern. Es gibt in mir keine wesentlichen nebeneinander bestehenden widerstreitenden Kräfte.*
35 – 45	*Es gibt das Böse und den Tod nicht auf der Welt. Das Unheilvolle ist vernichtet worden.*

Im reifen Erwachsenenbewusstsein werden alle vier Annahmen zurückgesetzt. Wir trennen uns, in einer weiteren Erkenntnis, von unseren Eltern und erkennen, dass wir vor allem uns selbst gehören. Unser Entwicklungsziel liegt also in der Auflösung unseres Kindheitsbewusstseins. Wir geben ungerechtfertigte Erwartungen, feste

Regeln und Muster auf. Erst jetzt besitzen wir unser eigenes Ich und sind unabhängig.

Um unser Kindheitsbewusstsein zu überwinden, müssen wir uns von unseren Illusionen lösen:

(1) *Die Illusion der Sicherheit durch die Eltern.* Spätestens in der Mitte des Lebens wird die Erkenntnis notwendig, dass eine Behütung vonseiten der Eltern nicht mehr gegeben ist. Vielmehr hat hier eine Rollenumkehrung stattgefunden. Nicht selten beschützen und umsorgen die Kinder jetzt ihre Eltern.

(2) *Die Illusion der Unsterblichkeit.* Die Begrenztheit der Lebensspanne erfahren wir in dieser Phase häufig durch schwere Erkrankungen oder durch den Tod der Eltern. Hingegen tendiert der junge Erwachsene eher zur Verdrängung dieser Tatsache. Besonders Männer flüchten sich in die Berufsarbeit, um den Gedanken an den Tod auszuweichen. Mit der erreichten Grenze der beruflichen Leistungsfähigkeit sehen sie sich abermals einer Illusion gegenübergestellt.

(3) *Die Illusion des männlichen Beschützers.* Auf der Grundlage beruflicher und familiärer Veränderungen lernen Frauen ihre Vorstellung abzubauen, dass sie in jeder Lebenslage auf männliche Hilfe bauen können. Dieses Bewusstsein wird überwunden.

(4) *Die Illusion der Familienwelt.* Die Zentrierung auf die eigene Familie muss in der Mitte des Lebens aufgegeben werden. Wird ein Leben außerhalb der Familie nicht erkundet, hat dies negative Auswirkungen auf die eigene Weiterentwicklung und die Partnerschaft.

(5) *Die Illusion der Unschuld.* Angesichts unseres tief greifenden Hinterfragens des Ichs erkennen wir „Schwächen“ und negative Gefühle, wie Hass, Habgier, Neid und Eifersucht. Wir lernen diese Neigungen, als Teil unseres Lebens und unserer Person zu akzeptieren (Gould 1979).

Die *Krise in der Mitte des Lebens* kann besonders für Männer eine große Herausforderung mit vielen Turbulenzen bedeuten. Anhand von Untersuchungen können vier Phasen der männlichen Krisenhaftigkeit ausgemacht werden:

(1) *Der Übergang zur Lebensmitte.* In dieser Periode hinterfragt der erwachsene Mann sein bisheriges Leben. Er versucht zu erkunden, was er bisher erreicht hat, was er von seinem sozialen Umfeld und insbesondere von seiner Familie bekommt und was er bisher bereit war zu geben. Er bildet eine Lebensstruktur, die im besten Fall definiert, was er für sich und andere möchte.

(2) *Der Eintritt ins mittlere Erwachsenenalter.* Neue Wege werden gefunden und erprobt. Entscheidungen sind getroffen. Nun soll die neue Lebensstruktur weiter ausgebaut und stabilisiert werden.

(3) *Der Übergang in die Fünfzigerjahre.* In dem Fall einer nur geringfügigen Veränderung in den vorangegangenen Phasen wird eine Krisenzeit erlebt. Die Lebensstruktur muss jetzt intensiv umgewandelt werden.

(4) *Der Höhepunkt des mittleren Erwachsenenalters.* Die zweite veränderte Lebensstruktur der vorangegangenen Periode führt in eine stabile Phase des Sesshaft – Werdens (Levinson 1979).

In 80 Prozent der von Levinson analysierten Fälle konnten starke krisenhafte Momente beobachtet werden. Es wurde davon ausgegangen, dass es dem Einzelnen kaum möglich ist, die mittleren Erwachsenenjahre hinter sich zu bringen, ohne mindestens leichte Krisen zu erleben. Neuere Untersuchungen hingegen falsifizieren die Annahme einer universellen Krise in der Lebensmitte. Vielmehr scheint i. S. einer differenziellen Perspektive nötig zu überprüfen, welche Personen in welchen Lebenssituationen Krisen durchleben.

Auf der Grundlage von weiteren Untersuchungen (z. B. Farrell, Rosenberg 1981) konnte festgestellt werden, dass die Entwicklungswege von Männern im mittleren Erwachsenenalter unterschiedlich verlaufen. Angesichts dieser Ergebnisse können vier Personengruppen unterschieden werden. (1) Starke Unzufriedenheit, Entfremdungsgefühle und eine unstabile Identität wiesen 12% der Probanden auf. (2) Hingegen waren 32% der Männer in der Lage ihr Leben erfolgreich, zufrieden und ohne auffällige Belastungsanzeichen zu meistern. (3) 26 % der Befragten werteten ihre Gefühle ab, indem sie Belastungen und Krisen verdrängten, verneinten, überspielten und abschwächten. Sie tendierten zu Depressionen und Angstzuständen. Eine weitere Gruppe (4) umfasste 30%. Diese Probanden waren durch die Unzufriedenheit mit ihrer Lebenssituation enttäuscht, verbittert und neigten zur Aggressivität gegenüber anderen – insbesondere gegenüber den eigenen Kindern. Erwachsene der ersten beiden Gruppen reflektierten die Konflikte in kritischen Lebensereignissen und gingen offen mit den Belastungen um. Zugehörige der beiden letzten Gruppen vermieden hingegen Konfliktauseinandersetzung.

Basierend auf diesen Studienerkenntnissen, muss die Annahme einer universellen Krise im mittleren Erwachsenenalter nicht unbedingt immer Bestand haben. Vielmehr sind die Entwicklungsprozesse dieser Altersphase individuell.

Eine innere schwere Krise mag vielleicht nicht zwingend sein, dennoch müssen wir alle ein Leben lang Entwicklungsaufgaben meistern. Diese umfassen die von der Gesellschaft an uns gerichteten Entwicklungserwartungen, die auf unseren individuellen Möglichkeiten aufbauen. Fünf wesentliche Entwicklungsaufgaben des mittleren Erwachsenenalters können für beide Geschlechter formuliert werden:

(1) Eltern sollten ihren *Kindern* bei der Entwicklung von emotionaler Stabilität und bei der Fähigkeit zur Übernahme von Verantwortung helfen, damit diese zu reifen, autonomen und glücklichen Erwachsenen heranwachsen.
(2) *Politisches und soziales Engagement* im mittleren Erwachsenenalter stabilisiert das Selbst und wird als sinnstiftend erlebt.
(3) Die *berufliche Entwicklung* muss nach eigenen Vorstellungen verlaufen und zu einer beständigen und zufriedenen Identität beitragen.
(4) Auch die Freizeitaktivitäten sollten altersgerecht und an die eigenen Interessen angepasst gestaltet werden.
(5) Ein souveräner Umgang mit den ersten Alterserscheinungen muss erlernt werden. Hierzu zählen neben der allgemeinen körperlichen Leistungsabnahme auch hormonelle Veränderungen (Havighurst 1982).

Den körperlichen Kräften sollte kein so hoher Wert mehr zukommen wie der geistigen Entwicklung. Weisheit steht also über Stärke. Auch werden die sozialen Beziehungen weniger über den sexuellen, als vielmehr über den sozialen Austausch definiert. Das Ziel ist *emotionale Geborgenheit*. Der Verlust geliebter Menschen darf nicht Einsamkeit zur Folge haben. Vielmehr können neue emotionale Bindungen zu anderen Menschen eingegangen und aufgebaut werden. Selbstbestimmtheit und geistige

Beweglichkeit sind also die Hauptaufgaben dieser Lebensphase (Peck 1972).

Das mittlere Erwachsenenalter stellt also neue und hohe Anforderungen an den Einzelnen. Während der junge Erwachsene vor allem seine Lebensziele erstmalig definiert und dieselben unter realen Bedingungen testet, müssen wir als Erwachsene in der mittleren Lebensperiode unsere Lebensziele überprüfen, reflektieren und modifizieren.

Bei den bislang dargestellten Erkenntnissen fällt auf, dass die Ansätze teilweise wenige Übereinstimmungen aufweisen. Zum Beispiel konnte in einer Querschnittsstudie über das Erwachsenenalter kein Zusammenhang von Generativität und Lebensalter gefunden werden (Tesch 1985). Entwicklungsaufgaben können also insgesamt offener formuliert werden und unterliegen der individuellen inneren und äußeren Lebensführung.

Da wir uns lebenslang weiterentwickeln, endet unsere Identitätsbildung nicht – wie lange angenommen – mit dem Eintritt ins späte Erwachsenenalter. Wann das mittlere Erwachsenenalter endet, und das Alter anfängt, ist nicht eindeutig zu beantworten. Dennoch können für den biologischen Bereich Abgrenzungskriterien ausgemacht werden. Während unsere Muskelkraft im Alter von ca. dreißig Jahren ihren Höhepunkt erreicht, beginnt der Herzmuskel in der Lebensmitte abzunehmen. Zwischen dem dreißigsten und vierzigsten Lebensjahr kann häufig eine Sehfähigkeitsverminderung festgestellt werden. Im mittleren Erwachsenenalter nimmt zudem die Hörfähigkeit ab.

Über diese körperlichen Veränderungen hinaus bestimmen auch wichtige Übergänge und bedeutsame Lebensereignisse unser Älterwerden. Durch den Auszug des jüngsten Kindes wird zwar ggf. eine nachfamiliäre Phase eingeleitet, aber der Wendepunkt in das späte Erwachsenenalter ist hiermit nicht erreicht. Vielmehr ist dieser individuell und kann variieren. Auch eine Erkrankung oder der Tod gleichaltriger Familienangehöriger und Freunde kann kein Kriterium für den Beginn dieser Lebensphase liefern. Mit diesen kritischen Ereignissen sehen sich auch schon junge Erwachsenen häufig konfrontiert. Eine klare Orientierungsmarke ist auch nicht der berufliche Ruhestand. Die Veränderungen der Pensionierungsregelungen und ein möglicher vorzeitiger krankheitsbedingter Ruhestand weisen auf fließende Grenzen hin. Auch die psychologische Perspektive liefert nur wenig Hinweise auf Kriterien der Abgrenzung für die Bestimmung des Altersbeginns, da in jedem Lebensjahrzehnt Ereignisse (z. B. Leistungsvergleich mit Jüngeren, sich häufende körperliche Beschwerden) einen Anstoß für das subjektive Alterserleben geben können.

Es scheint nicht möglich, eindeutige Kriterien für den Beginn des späten Erwachsenenalters bzw. des Alters zu formulieren. Dennoch können der Austritt aus dem Erwerbsleben und das Altersruhegeld als Orientierung dienen. Trotz eines unzulänglichen Kriteriums stellt in der heutigen modernen Gesellschaft der Berufsaustritt die Hauptmarkierung für den Eintritt in die Altersphase dar. Unsere persönliche Entwicklung endet hier jedoch keineswegs. Das sechste Lebensjahrzehnt ist auch nicht durch einen physischen und psychischen Verfall gekennzeichnet. Es lassen sich vielmehr individuelle Veränderungen im Verlauf und im Ausmaß beobachten. Altern ist also ein Entwicklungsvorgang.

Der Begriff *Alter* umfasst eine individuelle Lebensspanne in unserer Biografie. Hingegen meint der Begriff *Altern* einen Prozess, der Veränderungen unterliegt. Der Entwicklungsvorgang des Alterns ist nicht mit einem Prozess des körperlichen und geistigen Abbaus gleichzusetzen. Wir erfahren im Alter nicht unbedingt nur Verluste hinsichtlich unserer sozialen Rollen und Beziehungen, unserer psychischen Funktionsbereiche und unserer individuellen Fähigkeiten. Auch können wir derartige Verluste kompensieren und unsere individuellen Kompetenzen erweitern. Unsere Persönlichkeit hat somit immer die Chance Wachstum zu erfahren.

Wir können überdauernde und regelhafte Veränderungen erleben. Diese beziehen sich aber nicht unbedingt auf alle Bereiche unserer Person. So können sich auch nur bestimmte Persönlichkeitsdimensionen verändern. Auch betreffen die Prozesse des Alterns unterschiedliche Verhaltensgebiete und Persönlichkeitsbereiche. Diese umfassen neben unserer geistigen Leistungsfähigkeit und unserer Psychomotorik, auch unsere emotionale Gesinntheit und Neugierde. Wir unterscheiden uns zudem auch in den Formen der Lebensbewältigung und in unseren Kontrollüberzeugungen. Das Altern bringt also nicht zwangsläufig eine Verminderung der psychischen Kompetenz mit sich. Die Veränderungen bewegen sich in ganz verschiedene Richtungen. Alterungsprozesse beziehen sich nicht nur auf einen Faktor. Vielmehr sind sie durch die Konstellation aus biologischen, sozialen, ökologischen, ökonomischen, historischen und psychologischen Bedingungen gekennzeichnet (Faltermeier 2002).
Entsprechend sollte weniger eine Suche nach allgegenwärtigen Merkmalen im Mittelpunkt bei der Klärung von Alterungsverläufen stehen. Eher ist eine differenzierte Sicht auf die individuelle und lebenslange Entwicklung gefragt. Der ältere Mensch verfügt über die Möglichkeit, diese Lebensphase aktiv zu gestalten.

Für das späte Erwachsenenalter können – trotz individueller Möglichkeiten zur Selbstverwirklichung – verschiedene Entwicklungsaufgaben ausgemacht werden. Im Gegensatz zu den anderen Lebensabschnitten unterscheiden sich dieselben in einem Rückzug von den Rollen im frühen und mittleren Erwachsenenalter, die sich stärker durch Aktivität auszeichneten. Im späten Erwachsenenalter ist unser Engagement häufig in anderen Bereichen gefordert, so z. B. in der Rolle des Großvaters oder der Großmutter. Besonders die Notwendigkeit der Anpassung an unsere veränderten Lebensumstände ist entscheidend für diese Phase. Auch gilt es nun, sich an die Abnahme der körperlichen Leistungsfähigkeit und an die

Einschränkungen als Folge gesundheitlicher Einbußen anzupassen. Der berufliche Rücktritt und die verminderten finanziellen Mittel und Möglichkeiten stellen weitere Herausforderungen dar.
Bei Verlust des Partners müssen wir uns als Hinterbliebene mit der veränderten Lebenssituation auseinandersetzen. Helfen kann hier eine Intensivierung des Kontaktes zu den Kindern, Enkelkindern und zu Freunden. Der Einzelne sieht sich mit seinem eigenen Alter und dem entsprechenden Status konfrontiert. Dies ist eine neue Lernaufgabe, die es zu meistern gilt. Insgesamt verändern sich die Rollen, die wir im späten Erwachsenenalter einnehmen. Wir müssen uns also immer noch flexibel zeigen (Havighurst 1982).

Während wir nun eine neue Rollenübernahme innerhalb der Familie einnehmen, verlangt unsere soziale Umwelt von uns häufig einen Wechsel von einer „nehmenden" Rolle in eine „gebende". Zudem müssen wir, unter Berücksichtigung unseres geschwächten Körpers, neue Freizeitinteressen entwickeln. Wir bilden neue Fähigkeiten in Bezug auf unsere Beschäftigungen und Tätigkeiten und suchen nach einer neuen Stellung oder einem neuen Status in der Gesellschaft. Es findet eine Transformation unsers Selbstkonzepts statt. Ähnlich wie in allen anderen Lebensphasen darf der Mensch mit seinen individuellen Persönlichkeitsmerkmalen und Erfahrungswerten auch im Alter nicht in den Hintergrund treten. Wir als Person sollten mit unseren ganz persönlichen Möglichkeiten, Bedürfnissen und unterschiedlichen Bewältigungen im Vordergrund stehen. Der Mensch als Individuum darf nicht vernachlässigt werden.
Dennoch ist Leben im Alter häufig mit negativen Stereotypen belastet. Diese umfassen Vorurteile wie Abbau, Verlust, Rückzug und Inaktivität. Leistungsfähigkeit wird vielmehr mit dem frühen und mittleren Erwachsenenalter in Verbindung gebracht. Produktivität umfasst neben *manuellen* (die Verrichtung handwerklicher Arbeiten) auch *geistige* (Ideenentwicklung), *emotionale* (Zufriedenheit) und *motivationale*

Dimensionen (Vorbild sein für die Ziele und Wertsetzungen anderer) (Staudinger, Schindler 2002).

Ältere Menschen leiden nicht selten unter dem Gefühl von Unproduktivität. Sie fühlen sich wertlos und ungebraucht. Da der Begriff Produktivität eine starke ökonomische Besetzung aufweist, ist der Blick für andere Produktivitätsformen häufig getrübt. Eine wichtige Begriffserweiterung stellt zum Beispiel der Bereich der ehrenamtlichen Tätigkeiten für ältere Menschen dar. Ein solches Begriffverständnis von Produktivität, das ein individuelles Altern impliziert, macht deutlich, dass körperliche Veränderungen und soziale Freistellungen keinen Verlust der Leistungsfähigkeit mit sich bringen.

So haben verschiedene Trainingsstudien (z. B. Baltes, Kliegl 1992) gezeigt, dass wir im späten Erwachsenenalter erstaunliche Gedächtnisleistungen erzielen, und diese durch gezielte Übungen gesteigert werden können. Das geistige Niveau junger Erwachsener bei gleichen Trainingsvoraussetzungen ist zwar nicht erreichbar, aber auf Grundlage dieser Erkenntnisse, spricht vieles für eine soziale Umwelt, die den älteren Menschen kontinuierlich geistig fordert. Umsetzungen, die zur Produktivität älterer Menschen führen, sind also ein zentrales soziales Thema. Gesellschaftliche Strukturen können die Produktivität und Selbstentfaltung im Alter also fördern oder hemmen (Staudinger, Schindler 2002).

Darüber hinaus weisen ältere Menschen ein hohes Erfahrungswissen auf. Sie hatten Zeit und Gelegenheit, die Perspektive zu wechseln und die Dinge von allen Seiten zu betrachten. Erst im Alter verstehen wir viele Zusammenhänge und können andere Generationen daran teilhaben lassen.

> *„Nur wer alt wird, erhält eine vollständige und angemessene Vorstellung vom Leben, indem er es in seiner Ganzheit und seinem natürlichen Verlauf nicht nur von der Eingangs- sondern auch von der Ausgangseite übersieht“* (Schopenhauer 1851/1980).

Reichhaltige Erfahrungswerte bringen neben einer angemessenen Lebensvorstellung auch eine realistischere Selbsteinschätzung mit sich, über die Menschen im frühen oder mittleren Erwachsenenalter so noch nicht verfügen. Je älter wir werden, desto eher stimmen unsere Vorstellungen über Vergangenheit, Zukunft und Ideal überein. Zukunftserwartungen und Idealvorstellungen werden mit zunehmendem Alter wirklichkeitsnaher und weisen weitaus weniger Wunschvorstellungen auf, als dies in vorangegangenen Lebensphasen der Fall ist. Durch die Bewertung unserer verändernden Lebenssituationen, der eigenen Leistungsfähigkeit und dem eigenen Erleben, können die Anforderungen im Alter bewältigt werden. Zudem haben wir im Alter ein subjektives Wohlbefinden entwickelt, das mit dem jüngerer Menschen durchaus vergleichbar ist. Es drängt sich die Frage auf, wie trotz der Zunahme physischer Beschwerden, eine „jugendliche" Zufriedenheit im Alter überhaupt möglich ist. Der Grund liegt in den besonderen Fähigkeiten unseres Selbst. Es konstruiert Realitäten, die transformiert werden. Darüber hinaus wird durch die Anpassung an veränderte Lebenssituationen unser Ich geschützt (Baltes, Baltes 1990 sowie Brandtstädter, Greve 1992). Die Produktivität trägt also erheblich zu einem Gefühl von Erfüllung im Leben eines älteren Menschen bei. In den Worten von A. L. Vischer (1961):

„Wer an Erfahrungen nicht zu reifen versteht,
vermag auch nicht richtig zu altern."

Auf einen Blick

- Als Erwachsene müssen wir uns den sich ständig verändernden Lebensverhältnissen anpassen.
- Es existieren Krisen im Erwachsenenalter, die wir meistern müssen.
- Als Erwachsene wollen wir „Sesshaft-Werden“.
- Wir finden einen festen Platz in der Gesellschaft und verwirklichen unsere definierten Ziele und Wunschvorstellungen.
- Die Konflikte von Frauen und Männern in ihrer Identitätsentwicklung unterscheiden sich.
- Unser Entwicklungsziel liegt in der Auflösung unseres Kindheitsbewusstseins.
- Unsere Entwicklungsprozesse im Erwachsenenalter sind individuell.
- Der Erhalt von Selbstbestimmtheit und geistiger Beweglichkeit sind unsere Aufgaben in der Mitte des Lebens.
- Im Alter steht Weisheit über Stärke.
- Unsere Persönlichkeit hat immer die Chance Wachstum zu erfahren.
- Wir können die Lebensphase des Alters aktiv gestalten.
- Als ältere Menschen weisen wir ein hohes Erfahrungswissen auf.

Aufgaben Block

8
Wie wir Krisen überleben und Chancen bekommen
Oder: Warum fühlen wir uns geschwächt?

„Es ist heilsam, sich mitunter in die Nachtseiten des Daseins zu vertiefen.“ (H. Ibsen)

In unserem Leben gibt es immer wieder Einflüsse, die abrupt, durch eine veränderte Lebenswelt, entscheidende persönliche Entwicklungen auslösen. (Kritische) Lebensereignisse können als Kristallisationspunkte für unsere Entwicklungsprozesse verstanden werden. Die mit Ereignissen verknüpfte persönliche Krise kann bei erfolgreicher Bewältigung unsere Persönlichkeitsentwicklung vorantreiben und fördern. Doch kann uns eine Krise – als Folge eines kritischen Lebensereignisses – auch in unserer Entwicklung hemmen. Ähnlich wie in der sinnbildlichen Darstellung des gefangenen Panthers in Rilkes gleichnamigem Gedicht, sehen wir uns auch mit Ereignissen konfrontiert, die uns in unseren Grundfesten erschüttern und schwächen können.

„Sein Blick ist vom Vorübergehn der Stäbe
so müd geworden, daß er nichts mehr hält.
Ihm ist, als ob es tausend Stäbe gäbe
Und hinter tausend Stäben keine Welt.

Der weiche Gang geschmeidig starker Schritte,
der sich in allerkleinsten Kreise dreht,
ist wie ein Tanz von Kraft um eine Mitte,
in der betäubt ein großer Wille steht.

Nur manchmal schiebt der Vorhang der Pupille
sich lautlos auf-. Dann geht ein Bild hinein,

geht durch der Glieder angespannte Stille-
und hört im Herzen auf zu sein."
(Rilke, Zinn 1953)

Veränderungen in unserem Leben können derart einschneidend sein, dass sich hieraus entweder eine Weiterentwicklungschance oder eine regelrechte Blockade bildet. Ereignisse als einschneidende und subjektiv bedeutsame Veränderungen in der Lebenswelt stellen zugleich eine Gliederung unserer Biografie her und sind darüber hinaus Markierungspunkte für Übergangsprozesse in unserem Lebenslauf.

Einige Ereignisse in unserem Leben weisen eine große Auftretenswahrscheinlichkeit und eine relative Bindung an eine bestimmte Altersphase auf. Hierzu zählen beispielsweise der Berufseinstieg, die Berentung, die Hochzeit und die Geburt eines Kindes. Manchmal widerfahren uns aber Schicksale, die einen solchen Bezug nicht haben. Dies sind z. B. Ereignisse, wie ein Todesfall oder eine schwere Krankheit naher Angehöriger, eine Scheidung oder eine ungewollte Schwangerschaft. Da diese Ereignisse häufig überraschend eintreten, können wir uns hierauf nicht vorbereiten. Wir brauchen Bewältigungsstrategien, die es uns ermöglichen, belastende und unveränderbare Situation (z. B. den Verlust eines geliebten Menschen) zu verarbeiten.
Kritische Lebensereignisse haben einen bedeutenden Einfluss auf unsere Persönlichkeitsentwicklung. Da an negativen Lebensereignissen auch Veränderungen unserer Lebenssituation gebunden sind, geraten wir bei schwerwiegenden Ereignissen in eine Krise. Ist die zentrale Dimension unseres Selbst betroffen, fühlen wir uns häufig handlungsunfähig. Die Bewältigung einer solchen Krise erfordert von uns ein hohes Maß an Anstrengung, wobei unsere Strategien individuell unterschiedlich ausfallen. Auch sind die Folgen für unseren Lebenslauf und für unsere persönliche Entwicklung vielfältig.

Als junge Erwachsene erleben wir zwei zentrale gesellschaftliche Bereiche, die unser Leben bestimmen und ggf. einschneidend verändern: die Berufswelt und die Familie. Die spezifische Auseinandersetzung und der Ablauf dieser Übergangprozesse bedingen unseren weiteren Lebensverlauf entscheidend. Angesichts der relativ großen Altersspannbreite, in der ein junger Erwachsener die Übergänge in den Beruf und in die Familiengründung vollziehen kann, sieht der Einzelne sich häufig einem sozialen Druck gegenübergestellt. Auch verfügen wir über einen höheren Gestaltungsspielraum für diese Übergänge. Ohne einer sozialen Etikettierung ausgesetzt zu sein, kann eine junge Frau sich aber heute z. B. gegen Kinder entscheiden. Auch wenn diese Entscheidung nicht unbedingt freudige Reaktionen vonseiten ihrer Familie auslöst, so wird doch meist akzeptiert, dass sie ihr Leben unabhängig und selbstbestimmt gestaltet möchte.

Unerwartet beeinflusst werden wir als junge Menschen, missglückt unser Berufseinstieg, verlieren wir unseren Arbeitsplatz oder erleben wir Erfolglosigkeit im Beruf. Eine ungewollte Trennung vom langjährigen Lebenspartner, eine unerwünschte Schwangerschaft oder die ernste Erkrankung eines Kindes, sind kritische Lebensereignisse, die unsere Lebenssituation bedrohen. Eine Bewältigung kann hier häufig sehr schwierig sein. Dennoch erleben manche Menschen solche kritischen Lebensereignisse als Chance zur persönlichen Weiterentwicklung, während andere an derartigen Ereignissen zu zerbrechen scheinen. Worin genau liegen also die Unterschiede, wenn der eine an Krisen wächst, und der andere langfristig geschwächt ist?
Die Begriffsklärung *Resilienz* kann hier weiterhelfen. Zurückzuführen auf das lateinische Wort „resilere“, bedeutet Resilienz, zu seinem ursprünglichen „gesunden“ Zustand zurückzufinden. Trotz schwerer und traumatischer Belastungen gelingt es manchen Menschen, ein heilsames und subjektiv annehmbares Leben zu führen. Sie sind psychisch in der Lage, ihre inneren Kräfte zu aktivieren und haben guten Zugang zu ihren

Ressourcen. Sie lassen sich nicht ständig von Negativem beherrschen und sind bereit, immer wieder nach heilsamen Wegen für sich zu suchen. Voraussetzung hierfür ist allerdings unser Entschluss, dass es uns gut gehen *darf*. Sind wir hingegen davon überzeugt, dass wir das widerfahrene Unheil verdient haben, wird sich an unserer negativen Krisenhaltung nichts verändern. Unsere innere Einsichtsfähigkeit ist also ein Schlüssel zum Zugang unserer seelischen Kräfte.
Besonders durch unsere seelische Widerstandkraft (*Kohärenz*) können wir uns bewusst machen, dass unser Leben einen Sinn hat. Pflegen wir hingegen unsere Sinnlosigkeitsgefühle, bleiben diese nicht nur bestehen, sondern verstärken sich fatal. Positive Gedanken sorgen für Lebenslust und Mut – trotz bestehender „kranker" Persönlichkeitsanteile.

Bei einer Erhebung (1970) wertete Aaron Antonovsky (1997) die Anpassungsfähigkeit (*Salutogenese*) von Frauen aus, die Opfer des Holocaust wurden und ein KZ überlebt hatten. Völlig unerwartet konnten 29% der Frauen – trotz entsetzlicher Qualen, die sie im Lager erlebt hatten und anschließender traumatischer Erfahrungen als Flüchtlinge – als körperlich und seelisch „gesund" beurteilt werden. Diese Beobachtung führt zwangsläufig zu der Frage, wie sie es geschafft haben, sowohl unter den Bedingungen der KZ – Haft als auch in den Folgejahren, psychisch stabil zu bleiben? Welche besonderen Eigenschaften hatten diese Frauen? Durch ihren Sinn für Kohärenz und ein Vertrauensgefühl in folgende drei Ressourcen konnten sie seelische Stabilität beständig aufrechterhalten:

(1) Die Anforderungen aus der inneren und äußeren Umgebung erlebten sie als strukturiert, vorhersehbar und erklärbar. Die Forderungen des Lebens wurden damit verständlich (*subjektives Empfinden der Verstehbarkeit*).
(2) Sie vertrauten in ihre eigenen Fähigkeiten, Forderungen des Lebens bewältigen und meistern zu können (*subjektives Empfinden der Handhabbarkeit*).

(3) Den Herausforderungen des Lebens begegneten sie mit Anstrengung und Engagement (*subjektives Empfinden der Bedeutsamkeit bzw. Sinnhaftigkeit*).

Jeder Mensch weist – solange er lebt – „gesunde“ und „kranke“ Anteile auf. „Gesund – sein“ ist kein fester Zustand, sondern ein stetiger Prozess in unserer Entwicklung. Wir müssen uns damit beschäftigen, was unserem eigenen Leben Sinn verleiht. Wodurch bekommen wir Halt? Wir sollten „gesunde“ Gedanken pflegen, um uns nicht im Belastenden zu verlieren. Sind wir achtsam in der Gegenwart dessen, was wir gerade tun, können Sorgen und Ängste verschwinden. Die Erfahrung von Hingabe, in Verbindung mit dem inneren Gefühl der Zufriedenheit, lässt uns „*Einssein*“ erleben.

Der Umgang mit einer Krisensituation ist also im besten Fall die individuelle Bewältigung. Dennoch machen Krisen nicht immer stärker und sind auch nicht unbedingt ein Zugewinn für den weiteren Lebensweg. Schmerzhafte Lebenseinschnitte können aber auch als Wendepunkte begriffen werden, die eine Persönlichkeitsweiterentwicklung ermöglichen und zur Bildung neuer Bewältigungskompetenzen beitragen. Unser gesamtes Leben ist von krisenhaften Ereignissen durchzogen. Jede Altersperiode hält neue und unsere Entwicklung prägende Aufgaben für uns bereit.

So fordert uns z. B. im mittleren Erwachsenenalter eine neue Definition der *Eltern – Kind – Beziehung*. Der Auszug des letzten Kindes aus dem Elternhaus (*empty nest*) kann eine gravierende Veränderung der Familiensituation mit sich bringen, wobei dieselbe nicht zwangsläufig global negativ eingestuft wird. Die Phase der Kindererziehung muss sich in eine nachelterliche Partnerschaft umwandeln, die allerdings eine krisenhafte Verschlechterung der Beziehung zur Folge haben kann.

Besonders für Frauen ist in dieser Zeit die hormonelle Umstellung (*Menopause*) ein einschneidendes Lebensereignis. Der bewusste Umgang mit den Veränderungen kann aber als Befreiung erlebt werden. Darüber hinaus findet heute häufig schon vor dem Erreichen des fünfzigsten Lebensjahres, eine Großelternschaft statt. Ein zentrales kritisches Lebensereignis stellt sie durch die erlebte Belastung dar. Diese basiert nicht selten auf den unterschiedlichen Erziehungsnormen der Großeltern und der Eltern. In der Folge können Konflikte und Abgrenzungsprozesse entstehen. Die vielfältigen Veränderungen können aber auch als Chance verstanden werden, die jeweiligen Beziehungen *neu* zu definieren.

Ältere Menschen sehen sich vielfach Anforderungen und Belastungen gegenübergestellt, die sich aus kritischen Lebensereignissen ergeben. So verändert sich zum Beispiel der Tagesablauf eines Menschen gravierend, wenn er in den Ruhestand geht. Hinzu gehen die täglichen sozialen Kontakte am Arbeitsplatz verloren, die Beziehungen zum Partner und zu den Familienangehörigen wandeln sich und die wirtschaftliche Situation wird ungünstiger. Besonders der Verlust des Ehepartners bringt schwerwiegende Folgen mit sich. So müssen alle Entscheidungen vom Hinterbliebenen alleine getroffen werden. Auch die Wohnsituation muss ggf. neu geregelt werden.
Ein weiteres kritisches Ereignis, das für den Betroffenen eine grundsätzliche Lebensveränderung darstellt, ist eine schwere Erkrankung, die eine Pflegebedürftigkeit und die Übersiedlung in ein Altersheim zur Folge haben kann. Durch alltägliche Ereignisse, wie z. B. ein zwischenmenschlicher Konflikt in der Familie, der nur schwer eine Bewältigung zulässt, kann sich die Lebenssituation gravierend verändern.

Zu allen normativen Begebenheiten erschweren unerwartete und überraschende Ereignisse unser Leben und wir sehen uns plötzlich mit gravierenden Veränderungen konfrontiert. Hierzu zählt zum Beispiel die Scheidung vom Ehepartner oder eine schwere Erkrankung. Unsere

Bewältigungsstrategien sind hier ganz entscheidend für unseren weiteren Entwicklungsverlauf. Vaillant (1980) konnte in einer Längsschnittstudie aufzeigen, dass sich die Stile im Umgang mit kritischen Lebensereignissen im mittleren Erwachsenenalter im Vergleich zu früheren Lebensphasen bedeutsam voneinander unterscheiden. Die Ergebnisse weisen eine Abnahme der *unreifen* (Ausagieren, Fantasie, passive Aggression, Hypochondrie, Projektion) und eine Zunahme der *reifen* (Humor, Antizipation, Sublimierung, Altruismus sowie Unterdrückung) Abwehrstile nach.

Meist unbewusst bewältigen bzw. kompensieren alle Menschen lebenslang miteinander im Konflikt stehende seelische Absichten und Neigungen. Hierzu zählen Triebe, Wünsche, Motivationen und Werte. Unsere resultierende psychische Gemütslage soll hierdurch konfliktfreier werden. Unbewusste Widerstände helfen uns, unser seelisches Gleichgewicht herzustellen. Welche *Abwehrmechanismen* wir wählen, hängt stark von unserer Entwicklung ab. Wie die angeführte Studie von Vaillant aufzeigen konnte, existieren sowohl *reife* als auch *unreife* Stile. Wir bedienen uns meist der bestmöglichen inneren Konfliktlösung, die wir im Laufe unserer psychischen Entwicklung bislang erreichen konnten. Unreife oder auch *primäre Abwehrmechanismen* sind solche, die andere Menschen in die Festigung des eigenen seelischen Gleichgewichts mit einbeziehen. Eine solche Konfliktlösung belastet die Beziehung zueinander grundlegend und schwer. Auf einem *reiferen Niveau* wehrt ab, wer andere Menschen nicht mit in die Herstellung der eigenen psychischen Stabilität einbindet, sondern erkennt, dass er hierfür alleine zuständig ist und andere Möglichkeiten finden kann. Abwehrvorgänge unterscheiden sich also gravierend und sind persönlichkeits- und entwicklungsabhängig.

Auf einer „niedrigen" oder „primitiven" Stufe negieren wir – aus Abwehrgründen – die Realität. Veränderungen in unserer Umgebung

nehmen wir zwar wahr, aber deren reale Bedeutung erleben wir weder emotional, noch erkennen wir sie rational an (*Verleugnung*).
Eine weitere unreife Abwehr ist die sog. *Spaltung*. Hierbei werden nicht zueinanderpassende Inhalte auf mehrere Objekte verteilt. Alles (auch das eigene Selbst) ist entweder „gut“ und wird idealisiert oder „böse“ und wird entwertet. Die Spaltungsabwehr ist eine Reaktivierung eines frühkindlichen Zustandes, als noch keine Integration der positiven und negativen Aspekte erlernt wurde. Unerträgliche Vorstellungen werden durch diesen Mechanismus annehmbarer gemacht. Aufgrund eines nicht überwundenen frühkindlichen Traumas (meist durch die nahen Bezugspersonen) werden die ablehnenden und aggressiven Gefühle gegenüber einer eigentlich geliebten Person (z. B. den gewalttätigen Vater betreffend) nicht empfunden. Vielmehr wird das Bild dieser Person in einen „guten“ und einen „bösen“ Anteil gespalten. Die überwältigende negative Vorstellung entlädt sich in Selbstzweifeln und Selbsthass bis hin zu selbst – verletzendem Verhalten. Das Ich schwingt also ständig zwischen zwei affektiven Zuständen hin und her. Indem aggressive Impulse gegen die eigene Person gerichtet werden, treffen sie nicht die Person, der sie eigentlich gelten. Auf diese Weise kann die Beziehung zu der (geliebten) Person geschützt werden (*Autoaggression*).
Menschen, die sich dieser Spaltungsabwehr bedienen, wechseln auffällig häufig ihre – meist extrem erscheinenden – Gefühlszustände ganz plötzlich. Ohne ersichtlichen Grund werden gerade noch geliebte Menschen zu Hassobjekten und Niedergeschlagenheit wechselt abrupt in große Freude. Dadurch, dass sie nie gelernt haben, Widersprüchlichkeiten und Ambivalenzen auszuhalten, kann gerade gefasstes Vertrauen in einen Menschen spontan in Misstrauen umschlagen. Wer nicht gelernt hat, das „Gute“ im „Bösen“ zu erkennen und auch die schlechten Seiten des „Guten“ zu akzeptieren, der hält ständig eine verzerrte und unrealistische Vorstellung von sich selbst und der Welt aufrecht. Ein verminderter Realitätsbezug ist die Folge. Eine Konfliktfähigkeit bei Krisen bleibt hier völlig aus.

Erleben wir Empfindungen, Impulse und Affekte, die im starken Widerspruch zu den eigenen und/oder gesellschaftlichen Normen stehen, folgt ein schwerer innerpsychischer Konflikt. Das Übertragen und Verlagern desselben auf andere Menschen, Personengruppen oder Objekte ermöglicht eine Abwehr (*Projektion*). Die eigenen unerfüllten Wünsche werden einem anderen Menschen zugeschrieben. Wer projiziert, der verfolgt eigene Impulse in anderen.
Manche Menschen beeinflussen andere so stark, bis sie bestimmte Erwartungen erfüllen. Es werden die eigenen negativen Selbstanteile (meist Aggressionen) erst abgespalten und dann auf den andern projiziert. Wenn dieser sich dann unbewusst mit den abgespaltenen Anteilen identifiziert und seine Handlungen nach langer Beeinflussung endlich den Erwartungen entsprechen (in unserem Fall „aggressiv“), ist der ursprüngliche innere Konflikt erfolgreich an die Außenwelt abgegeben (*Projektive Identifizierung*). Zwar kann auf diese Weise das innere Gleichgewicht aufrechterhalten werden, aber die Beziehungen zu anderen werden stark belastet – was weitere Konflikte zur Folge hat.

Andersherum – auf einem unreifen bis mäßigen Niveau – können wir auch einen bedrohenden Einfluss von außen als Abwehr einverleiben (*Introjektion*). Bestimmtes Verhalten, Anschauungen, Normen oder Werte einer anderen Person werden in die Ich – Struktur aufgenommen. Dies ermöglicht uns, die äußere Bedrohung nicht mehr als solche wahrzunehmen. So z. B. bei einem gewaltsamen körperlichen Übergriff oder einer psychischen Grenzüberschreitung. Wir übernehmen die Verantwortung für das Geschehene und schreiben es unserer eigenen Person zu. Auf diese Weise können wir unerträgliche Angst und Ohnmachtgefühle abwehren und symbolisch „Kontrolle“ zurückerlangen. Wird hingegen ein psychischer Konflikt auf somatische (körperliche) Symptome umgelagert, die meist eine symbolische Beziehung zum Konflikt haben, spricht man von *Konversion*. Es können Symptome wie z. B. Ohnmacht, Schwindel,

Kreislaufstörungen, Kopfschmerzen oder Migräne, Magen- und Darmstörungen oder Erröten entstehen. Unerträgliche psychische Zustände werden auf die körperliche Ebene verdrängt. So können wir als Schutzfunktion unangenehme Konflikte von unserem Ich – Bewusstsein fernhalten.

Sind wir überfordert mit unseren Gefühlen, weil wir Angst, Trauer, Schuld, Scham, Wut oder Ekel empfinden, dann können uns entgegengesetzte Gefühle und Motive (*Reaktionsbildung*) helfen, um diese negativen Empfindungen abzuwehren. In einer Situation, in der wir eigentlich wütend reagieren müssten, verhalten wir uns stattdessen behütend und fürsorglich. Bewerten wir unsere Triebe und Wünsche als inakzeptabel, ersetzen wir sie durch gegensätzliche sozial erwünschte Verhaltensmuster. Homoerotische Neigungen werden nicht selten dadurch abgewehrt, dass der Betroffene eine starke Homophobie entwickelt.

Wird die Angst sehr groß oder wir müssen einen Triebimpuls abwehren, so können wir diesen Konflikt versuchen zu bewältigen, indem wir uns auf frühere Entwicklungsstufen zurückziehen (*Regression*). Hierzu zählt z. B. Trotzverhalten, Fresslust, Weinerlichkeit, Rückzug, Flucht in eine Krankheit oder die eindringliche Suche nach Versorgung wie in der Kindheit. Frühere Entwicklungsstufen in unserer Persönlichkeitsentwicklung ermöglichen uns zeitweise einfache und primitive Reaktionen und sind auf einem tieferen Anspruchsniveau. Ähnlich wie im Kindesalter, könnte eine Person, dessen Computer ständig streikt, auf diesen einschlagen und ihn wild beschimpfen (*animistische Betrachtung*). Die *Regression* dient der Stabilisierung des psychischen Gleichgewichts.
In einer gefährlichen Situation kann aber auch das Gegenteil passieren, indem wir uns nicht zurückentwickeln, sondern uns aus Abwehrgründen in einer erwachsenen Weise verhalten, die uns am Leben hält. Es findet eine Flucht in spätere Entwicklungsstadien statt, wenn z. B. ein junges Mädchen

von ihrer Mutter verlassen wird und sich fortan als Muttterersatz um die jüngeren Geschwister kümmert (*Progression*).

Ein Konflikt oder eine bedrohliche Situation können wir aber auch komplett abblocken, indem wir einen augenscheinlichen Sachverhalt konsequent abstreiten. Das tatsächliche Vorhandensein einer Krise wird negiert (*Verneinung*).

Können wir hingegen Fantasien und Impulse nicht ausleben, so können wir diese, anstatt dieselben zu verneinen auch von der Ursprungsperson, die unberührt bleibt, auf andere Personen verschieben (*Verschiebung*). Die Affektbeträge wechseln relativ frei von einem Inhalt zum nächsten. Dies geschieht häufig aus Angst vor Konsequenzen. So ist es viel leichter, seine Aggressionen an einem Hund auszulassen, als z. B. an der vorwurfsvollen Autoritätsperson, die diese eigentlich ausgelöst hat. Ursprünglich vorhandene Zusammenhänge werden also ausgeblendet, um neue zu erzeugen.

Eine weitere – eher niedrige/unreife – Abwehrmöglichkeit ist die *Idealisierung*. Personen, Gruppen oder das eigene Selbst werden zum unrealistisch überhöhten Ideal erhoben. Bleibt hier eine Prüfung an der Realität aus, können stark verzerrte Vorstellungen von der Wirklichkeit entstehen. Gleiches gilt für die sog. *Entwertung*. Als Gegenpol zur Idealisierung wird hier, als Schutzmechanismus vor Neidgefühlen oder Verlust- und Abhängigkeitsängsten, alles niedergemacht, was die Stabilität des eigenen Selbstwertgefühls bedrohen könnte. Dies trifft nicht selten auch die eigenen Kinder.

Innere und/oder von außen ausgelöste Krisen lösen wir also auf ganz unterschiedliche Weise. Im Laufe unseres Lebens eignen wir uns individuelle Konfliktlösungsmechanismen an, die es uns ermöglichen, negative Gefühle abzuwehren. Wir können z. B. – auf einem höheren und reifen Niveau – abwehren, wenn wie wir uns durch *Intellektualisierung* vom belastenden Geschehen entfernen. Durch Abstraktionsbildung, theoretisches Analysieren und Philosophieren, setzen wir uns erklärend mit Dingen

auseinander, die eine verborgene emotionale Bedeutung für uns haben. Wer logische Handlungsmotive als ausschließliche Beweggründe angibt, der rationalisiert. Jegliche gefühlsbetonten Anteile werden hierbei ignoriert und ausgeblendet (*Rationalisierung*).
Müssen wir uns vor einem bedrohlichen Einfluss schützen, so unterdrücken oder schieben wir bestimmte unangenehme oder traumatische Ereignisse weg. Unsere Erinnerung wird zwar nicht gelöscht, aber unser bewusstes Erinnern an ein Erlebnis, ist aus Selbstschutz stark erschwert. Unerwünschte Affekte, die ein Gefühl von Scham und Schuld in uns auslösen oder unser Selbstwertgefühl herabsetzen würden, werden in das Unbewusste verdrängt. Als Träume oder unbewusste Ersatzhandlungen treten sie aber dennoch hervor (*Verdrängung*).
Ein anderer reifer Abwehrmechanismus ist die Umwandlung oder Umlenkung von Triebwünschen in eine geistige Leistung oder kulturell anerkannte Verhaltensweise (*Sublimierung*). Nicht erfüllte Wünsche ersetzen wir durch gesellschaftlich höher bewertete Ersatzhandlungen. Hierzu eignen sich besonders die Bereiche Kunst, Musik, Wissenschaft, Sport oder exzessives Arbeiten (Freud 1894 und 1915/1946)

Unsere psychische Gesundheit können wir also durch den kompetenten Umgang mit Problemen aufrechterhalten. Wir entwickeln lebenslang individuelle Vorgänge und Lösungsstrategien, um Krisen abzuwenden und zu verarbeiten. Finden allerdings gleichzeitig mehrere kritische Ereignisse und innerpsychische Krisen statt, empfinden wir die Bewältigung von Lebensproblemen als besonders schwerwiegend.
Unsere Identität kann in jeder Altersphase ständigen Veränderungen in unterschiedlichen Lebensbereichen unterworfen sein. Als lebenslanger Prozess können unsere Identitätsbildung und unsere seelische Stabilität verschiedene Verläufe annehmen. Sogar in der Mitte unseres Lebens kann eine Krise durch ungenügend erprobte Identitätsveränderungen ausgelöst werden (Whitbourne, Weinstock 1982). Allerdings konnte in einer Studie aufgezeigt werden, dass sich Identitätsstile im mittleren Alter langsam

verfestigen (Whitbourne 1987). Wir tendieren im Sinne des *akkommodativen Identitätsstils* entweder zur Offenheit gegenüber neuen Erfahrungen oder negieren bzw. ignorieren diese konsequent, indem paradoxe Ereignisse „passend" umgedeutet werden (*assimilativer Identitätsstil)*. Einen ausgeglichenen Identitätsstil erreichen wir dann, werden beide Elemente in einem Gleichgewicht gehalten.

Unser gesamter Lebenslauf ist von der Auseinandersetzung mit altersspezifischen Krisen bestimmt. In der Phase des höheren Erwachsenenalters, sehen wir uns mit einer entscheidenden psychosozialen Krise konfrontiert, die uns entweder am Leben verzweifeln oder daran glauben lässt. Blicken wir eines Tages auf unser vergangenes Leben zurück, so bewerten wir es tendenziell in die eine oder in die andere Richtung. Das innere Gefühl von starker Verzweiflung und Ekel stellt sich dann ein, wenn wir erkennen, dass sich unsere vergangenen Fehler und Irrtümer im Leben nicht mehr korrigieren lassen. Dagegen erfährt *(Ich)Integrität*, wer sein Leben mit allen Erscheinungen, Menschen und Ereignissen als überwiegend positiv bewertet (Erikson 1998). Unsere Fähigkeit Ereignisse zu bewältigen, bestimmt, ob wir uns in unseren Fehlentscheidungen und unseren körperlichen Beschwerden verlieren, oder ob wir (an)erkennen, dass unser Leben einen Sinn hatte und hat.

Verluste (Arbeitsplatz, Freiheit, schwere Erkrankung oder der Tod eines nahen Angehörigen) machen uns besonders persönlich betroffen. Wenn wir uns gezwungen sehen, Abschied zu nehmen, entwickeln wir unbewusste Strategien, die eine Bewältigung extrem schwieriger Situationen ermöglichen sollen. Elisabeth Kübler – Ross (2001) entwickelte fünf Phasen des Abschiednehmens. Hierbei verarbeitete sie die Erfahrungen von 200 sterbenden Patienten aus den USA, wobei es weniger um den körperlichen Vorgang des Sterbens geht. Der Prozess des Abschiednehmens bezieht sich vielmehr auf die geistige und seelische Verarbeitung. Die Stadien des

Loslösens können verschieden lang andauern und in unterschiedlicher sowie wiederholender Reihenfolge ablaufen.

Nein, ich nicht! Erfahren wir, dass wir selbst oder ein geliebter Mensch sterben werden, so schützen wir uns dadurch, dass wir leugnen und die Realität (z. B. eine Diagnose) abwehren. Die Verweigerung ist wichtig, damit wir die Erkenntnis lindern, dass der Tod unvermeidbar ist. Dennoch ist die langsame und schrittweise Auseinandersetzung mit dem nahestehenden Ereignis entscheidend – auch vonseiten der Familie. Setzen wir uns nicht auseinander, so kann das in der Konsequenz bedeuten, dass wir aus Abwehr den Tod des Sterbenden alsbald herbeisehnen. Heilsamer ist es, wenn wir die Gegenwehr unterstützen, ja sogar provozieren und vertrauensvoll miteinander umgehen (*1. Nicht wahrhaben Wollen und Isolierung*).

Warum ich? Wenn wir nach einiger Zeit die Realität erkennen, so begegnen wir ihr mit Zorn und Hass. Die Tatsache, dass man selbst krank ist und Abschied nehmen muss, während andere gesund sind und ihr Leben auskosten dürfen, kann unkontrollierbare Wutausbrüche und Neidattacken gegen Angehörige, Ärzte und Krankenschwestern auslösen. Häufig entsteht auch eine unbändige Wut auf Gott, da dieser willkürliche Todesurteile zu verhängen scheint. Entscheidend ist, den Zorn des Leidenden nicht als persönlichen Angriff zu werten, da dies Gegenzorn auslöst, der eine Streitspirale nach sich zieht. Aufmerksamkeit gegenüber den zornigen Gefühlen ist hier jetzt wichtig (*2. Zorn*).

Ja, ich, aber... Wie in unserer Kindheit wird unser Zorn von Verhandlungsgeschick abgelöst, wenn wir uns eine Belohnung erhoffen. Durch Kooperation wollen wir (meist mit Gott) z. B. eine längere Lebenspanne oder weniger Schmerzen aushandeln. Im Gegenzug für mehr Zeit versprechen wir dann, unser Leben der Kirche zu widmen, unseren Körper der anatomischen Lehre und Wissenschaft bereitzustellen oder etwas wirklich „Gutes" zu tun. Nach Kübler – Ross ist es hingegen irrelevant, was wir versprechen, da wir es ohnehin nicht einhalten. Beistand und die Befreiung von belastenden Schuldgefühlen sind wichtig in dieser Phase (*3. Verhandeln*).

Ja, ich. Erstarrung, Zorn und Wut werden abgelöst von Verzweiflung und Angst. Wir betrauern zurückliegende Verluste und Dinge, die wir nie getan haben sowie vergangene Fehler, die wir begangen haben. In der vorbereitenden Trauer beschäftigen wir uns dann mit dem unvermeidlichen Ereignis des Abschiedes und Verlustes. In der Stille reifen wir innerlich und brauchen äußerlich Abstand von Besuchern und Angehörigen (*4. Depression*).

Meine Zeit wird nun sehr kurz, und das ist in Ordnung so. Frei von Gefühlen ist unser Kampf nun vorbei. Von den Problemen der Außenwelt wollen wir nichts mehr wissen und der Schmerz ist vergangen. Für ältere Menschen ist diese zustimmende Phase leichter zu erreichen, da sie im besten Fall auf ein Leben voller Sinnstiftung zurückblicken können. Angehörige sollten hier stumm zuhören und bis zuletzt, begleiten. Auch wenn die Gefühle ausbleiben, kann hier nicht von Aufgeben gesprochen werden, sondern vielmehr von einem Sieg nach einem langen Prozess des Loslösens – sowohl vonseiten des Sterbenden als auch von seinen/ihren Angehörigen (*5. Akzeptanz und Zustimmung*).

Bei genauer Betrachtung implizieren die vorangegangenen Stadien – trotz aller Trauer und Belastung – auch Hoffnung. Hoffnung auf eine Chance zur Weiterentwicklung. Durch die sich in einer kritischen Situation ergebenen psychischen, physischen, sozialen oder ökologischen Veränderungen sind von uns allerdings neue Verhaltensweisen und Denkmuster gefordert, die eine Aktualisierung vorhandener Kompetenzen und Ressourcen voraussetzen. Die Anforderungen durch Lebensereignisse können also eine Möglichkeit zum persönlichen Fortschritt bieten. Empfinden wir aber

Überforderung oder übersteigen die Belastungen unserer Ressourcen, so kann unsere Entwicklung gestört und gehemmt werden.

Für unsere Auseinandersetzung mit Krisen können eine Reihe möglicher Faktoren ausgemacht werden, die sich auf unsere gesamte Lebensspanne beziehen. Hierzu zählen unsere individuellen Ressourcen, unsere Techniken der Bewältigung des Konflikts, aktuelle Situationsbewertungsprozesse, das Ausmaß des erlittenen Verlusts sowie die Verdrängung spezifischer Lebensumstände (Lieberman 1975). Ob wir in eine Krise aufgrund eines kritischen Lebensereignisses geraten, ist durch folgende Charakteristika bestimmt:

(1) Unser physischer und psychischer Zustand (z. B. unsere Gesundheit),

(2) die sozialen Kontextgegebenheiten, in denen sich das Ereignis abspielt (z. B. familiärer Rahmen),

(3) die Attribute des Ereignisses (z. B. der unerwartete Tod des Partners),

(4) unsere Wahrnehmung (z. B. persönlich kontrollierbar oder nicht) sowie

(5) der notwendige Grad unserer individuellen Bewältigungsanstrengung (Faltermaier 2002 und Haußer 1995).

Misslungene Anpassungsversuche sind also die Folge einer negativ verlaufenden Problembewältigung. Bei gelingender Krisenauseinandersetzung erhalten wir allerdings die Chance, unsere Kompetenzen zu erweitern und zu wachsen.

Auf einen Blick

- Kritische Ereignisse und Krisen können unsere Persönlichkeitsentwicklung sowohl vorantreiben als auch hemmen.
- Einige Lebensereignisse weisen eine große Auftretenswahrscheinlichkeit auf, während andere überraschend eintreten.
- Wir brauchen Bewältigungsstrategien, um belastende und unveränderbare Situationen zu verarbeiten.
- Die Krisenbewältigung erfordert von uns ein hohes Maß an Anstrengung, wobei unserer Strategien individuell unterschiedlich ausfallen.
- Unsere innere Einsichtsfähigkeit ist ein Schlüssel zum Zugang unserer seelischen Kräfte.
- Jeder Mensch weist – solange er lebt – „gesunde" und „kranke" Anteile auf.
- Wir bewältigen unbewusst miteinander im Konflikt stehende Triebe, Wünsche, Motivationen und Werte.
- Widerstände helfen uns, unser seelisches Gleichgewicht herzustellen. Welche Mechanismen wir wählen, hängt stark von unserer Entwicklung ab.
- Es existieren sowohl *reife* als auch *unreife* Abwehrstile.
- Persönliche Verluste machen uns besonders betroffen.

Abschlussgedanken

„Wer nicht vorwärts geht, geht rückwärts.“ (Goethe)

Einzigartig machen uns unveränderliche Kriterien: unsere Daten (Geburtstag), unsere biologischen Körpermerkmale (Geschlecht, genetischer Code) sowie die relativ unveränderliche Gruppenzugehörigkeit. Die Fülle sozialer Zuordnungen konstruiert eine stabile Identität über einen längeren Zeitraum hinweg. Unsere kollektive Zugehörigkeit können wir nicht einfach wechseln. Auch wenn wir beispielsweise unsere Staatsangehörigkeit verändern können – unser Geburtsland bleibt zeitlebens dasselbe.

Demgegenüber steht Identität als Selbstfindung. Begriffe wie „Identitätsarbeit“, „Identitätssuche“ und „Identitätsbildung“ schließen den Entwicklungsaspekt mit ein. Identität ist ein Weg, den wir alle mit seinen Schwierigkeiten, Höhen, Tiefen, Krisen und Erfolgen gehen müssen. Die Suche nach uns selbst ist ein lebenslanges Projekt, das unterschiedliche Verläufe nehmen kann und vielen Einflüssen ausgesetzt ist. Der Identitätsprozess führt uns in unserem Lebensverlauf zu uns selbst, wobei die zentrale Frage dieser Entfaltung lautet: *Wer bin ich?* Unsere Identitätsbildung ist aber auch ein sozialer Prozess, der sich durch das Interagieren von Person und Umwelt auszeichnet. Finden wir uns, so erleben wir *individuelle Kontinuität über die Zeit*. Aber auch unser *Wissen um die Zugehörigkeit zu einer sozialen Gruppen* stabilisiert unser Sein.

Identität ist also das Ergebnis externer stabiler Lebensbedingungen und ein aktiver selbst(re-)konstruierter Prozess. Dabei müssen aber die verschiedenen Rollen, die wir in unserem Leben einnehmen, berücksichtigt werden. *Personale Identität* bezeichnet die individuelle Kategorisierung des Selbst und *Soziale Identität* wird durch unsere Gruppenmitgliedschaft gebildet. Während wir unsere eigene Gleichheit und Kontinuität in der Zeit wahrnehmen, müssen auch andere diese erkennen. Die Gesamtheit unserer körperlichen Merkmale, Fähigkeiten, Motive, Ziele, Einstellungen und Werthaltungen machen uns als Mensch aus. Identität ist ein Selbstreflexionsprozess, bei dem eine geistige (*Selbstkonzept*), eine emotionale (*Selbstwertgefühl*) und eine motivationale Komponente (*Kontrollüberzeugung*) unterschieden werden können.

Darüber hinaus müssen wir eine körperliche Identitätsebene annehmen (*Körperselbst*). Zudem bewegt sich jede Identitätsauseinandersetzung in einem sozialen Bezugsrahmen. Auch unsere soziale Wahrnehmung und die damit in Verbindung stehenden Erwartungen von nahestehenden Personen und gesellschaftlichen Institutionen spielen eine entscheidende Rolle bei der Identitätsbildung. Unsere Selbstwahrnehmung steht immer in einer Abhängigkeit zu den Reaktionen aus unserem sozialen Umfeld.

Der Vergleich von vergangenen, gegenwärtigen und zukünftigen Selbstbildern entspricht, trotz einer sich verändernden Lebenswelt, dem einer einheitlichen Person. Dieses Erlebnis von Kontinuität ist Identität. Wir nehmen uns selbst in verschiedenen sozialen Situationen als widerspruchsfrei handelnd war. In den Worten von Albert Camus:

„Um sich selbst zu erkennen, muß man handeln."

In unseren verschiedenen Alltagsrollen erleben wir eine innere Kohärenz, die auch unabhängig von unterschiedlichen Situationen und entsprechendem Verhalten, aufrechterhalten werden muss.

Besonders in unserer Jugendphase müssen wir Krisen bewältigen und eine relativ stabile Identität aufbauen, um den Schwierigkeiten in den folgenden Lebensperioden gewachsen zu sein. Krisen verlaufen also über unseren gesamten Lebenslauf. Auf Grundlage weitreichender gesellschaftlicher Veränderungen der letzten Jahrzehnte können allerdings keine starren Muster über diese Krisen ausgemacht werden. Durch eine verlängerte Ausbildungszeit, Verzögerungen in den beruflichen Entscheidungen und eine mögliche Revidierbarkeit in partnerschaftlichen Beziehungen, entwickeln wir uns bis weit in das Erwachsenenalter hinein, um unseren Platz zu finden. Unsere Identitätszustände sind also nicht zwangsläufig an Altersphasen gebunden, sondern verlaufen individuell. Ein mehrfaches Durchlaufen von Krisen ist möglich, wobei eine erreichte Identität, somit auch in den verschiedenen Phasen des Erwachsenenalters, immer wieder infrage gestellt werden kann.

Wir verspüren einen permanenten Anpassungsdruck an die veränderten Lebensbedingungen. Der Zwang zu immer wieder neuen Identitätsbestimmungen liegt in den sich verändernden beruflichen und technologischen Anforderungen sowie den sich schnell wandelnden sozialen Beziehungen begründet. Ein starres Identitätskonzept ist für die stetige Integration des neuen Selbstbildes, aufgrund sozialer Anforderungen, nicht mehr funktional. Unsere biografische Kontinuität in Zeiten des gesellschaftlichen Wandels aufrechtzuerhalten, wird zu einem stetigen Bewältigungsproblem. Das von Widersprüchen geprägte Alltagsleben erschwert uns eine stabile Identitätsbildung.

Auch im Erwachsenenalter sehen wir uns beständigen sozialen Kräften ausgesetzt. Hierzu zählt beispielsweise der Arbeitsplatz, der es uns ermöglicht bzw. nicht ermöglicht, Ziele, Zeitabläufe und Arbeitsplatzgestaltung zu beeinflussen.

Kritische Lebensereignisse können unser Leben gravierend verändern, wobei sich die Folgen auf uns ganz unterschiedlich auswirken. Während ein und dasselbe Ereignis, den einen Menschen persönlich reifen lässt, wird der andere für seine weitere Entwicklung geschwächt. Kritische Lebensereignisse sind meist zentrale Wendepunkte im Leben und beeinflussen dessen weiteren Verlauf. Der Grad der subjektiven Bedeutsamkeit entscheidet über die Identitätsrelevanz des Ereignisses. Auch können zwischenmenschliche Beziehungen eine Veränderung erfahren, erleben wir eine Scheidung, eine Trennung oder den Tod des Partners.

Umwelteinflüsse und soziale Kräfte haben eine bedeutende Wirkung auf unsere Persönlichkeitsentwicklung. So bestimmt das Feedback des sozialen Spiegels unser Selbstkonzept – und damit auch unsere Identität. Selbstkonzept und Identität werden mit fortgeschrittenem Alter, einem zunehmenden Maß an Erfahrungen und bewältigten Lebensereignissen stabiler und zugleich änderungsresistenter gegenüber neuen Ereignissen.

Unsere Identität ist keine Konstante. Vielmehr verändert und entwickelt sie sich in der gesamten Lebenspanne weiter. Das Verhältnis von Veränderung und Gleichheit ist die zentrale Schwierigkeit in der menschlichen Persönlichkeitsentwicklung. Dennoch müssen wir unsere Identität innerhalb unserer Lebensspanne schützen und bewahren. Die einmal erreichte Identität bleibt im Lebenslauf nicht stabil. Vielmehr muss sie in einem permanenten und krisenanfälligen Prozess neu erarbeitet werden. Identität ist also keine statische oder unveränderbare Errungenschaft, die für alle Zeiten festgelegt ist, sondern unterliegt einem immer fortwährenden Wandel der Zeit. Stabilität ist aber zentrales Charakteristikum von Identität und fordert von uns eine ständige Auseinandersetzung mit der eigenen Person und den Anforderungen der sozialen Umwelt. Diese krisenanfällige Aufgabe ist eine lebenslange Integrationsarbeit. So sind es die Zeilen der letzten Strophe des Rilke Gedichts *An die Frau Prinzessin M(adeleine) von B(roglie)* (1953), die unseren menschlichen Reifungsprozess beschreiben und einmal mehr die Bedeutung von Krisen und deren Bewältigung für unsere Identitätsentwicklung verdeutlichen:

„Nur manchmal, während wir so schmerzhaft reifen,
daß wir an diesem beinah sterben, dann:
formt sich aus allem, was wir nicht begreifen,
ein Angesicht und sieht uns strahlend an.“

Literatur

Asch, S. (1951). Effects of group pressure upon the modification and distortion of judgment. In H. Guetzkow (ed.) *Groups, leadership and men*. Pittsburgh, PA: Carnegie Press.

Asch, S. E. (1955). Opinions and social pressure. *Scientific American*, 31–35.

Asch, S. E. (1956). Studies of independence and conformity: I. A minority of one against a unanimous majority. *Psychological Monographs*, 70(9), 1–70.

Adler, A. (1995). *Menschenkenntnis*. Leipzig: Hirzel.

Antonovsky, *A.* (1997). *Salutogenese. Zur Entmystifizierung der Gesundheit.* Tübingen: Dgvt-Verlag.

Ariès, P. (1975). *Geschichte der Kindheit*. München: Carl Hanser.

Baltes, P. B. & Baltes, M. (1990). Psychological perspectives on successful aging: The model of selective optimization with compensation. In: P. B. Baltes & M. Baltes (Eds.), *Successful aging: Perspecitves from the behavioral sciences* (pp. 1-34). New York: Campbridge Press.

Baltes, P. B. & Kliegl, R. (1992). Further testing of limits of cognitive plasticity: Negative age differences in an mnemonic skill are robust. *Developmental Psychology, 28*, 121-125.

Bandura, A. (1979). *Eine sozial-lerntheoretische Analyse*. Stuttgart: Klett-Cotta.

Beck. U. & Beck-Gernsheim, E. (1994). Individualisierung in modernen Gesellschaften – Perspektiven und Kontroversen einer subjektorientierten Soziologie. In: U. Beck & E. Beck-Gernsheim (Hrsg.), *Riskante Freiheiten. Individualisierung in modernen Gesellschaften* (S. 10-39). Frankfurt a. M.: Suhrkamp.

Bem, D. J. (1979). Theorie der Selbstwahrnehmung. In: S. H. Filipp (Hrsg.), *Selbstkonzept-Forschung. Probleme, Befunde, Perspektiven* (S. 97-127). Stuttgart: Klett-Cotta.

Bertenthal, B. I. & Fischer, K. W. (1978). Development of self-recognition in the infant. *Developmental Psychology, 14*, 44-50.

Bopp, J. (1985). *Jugend: umworben und doch unverstanden*. Frankfurt a. M.: Fischer.

Bourdieu, P. (1987). *Die feinen Unterschiede*. Frankfurt: Suhrkamp.

Brandtstädter, J. & Greve, W. (1992). Das Selbst im hohen Alter: Adaptive und protektive Mechanismen. *Zeitschrift für Entwicklungspsychologie und Pädagogische Psychologie, 24*, 269-297.

Brim, O. G. jr. (1976). Theorie of the male mid-life-crisis. *The Counseling Psychologist, 6*, 2-8.

Butterworth, G. (1992). Origins of self-perception in infancy. *Psychological Inquire, 3*, 103-111.

Caspi, A. (1998). Personality development across the life course. In: N. Eisenberg (Ed.), *Handbook of child psychology* (Vol. 3, 5th ed., pp. 311-388). New York, NY. Wiley.

Cohn, R. (1980). *Von der Psychoanalyse zur themenzentrierten Interaktion. Von der Behandlung einzelner zu einer Pädagogik für alle.* Stuttgart: Klett-Cotta.

Cowan, P. A. (1991). Individual and familiy life transitions: A proposal for a new definition. In: P. A. Cowan & E. M. Hetherington (Eds.), *Familiy transitions* (pp. 3-30). Hillsdale: Erlbaum.

Döbert, R. & Nunner-Winkler, G. (1975). *Adoleszenzkrise und Identitätsbildung.* Frankfurt a. M.: Suhrkamp.

Dreher, E. & Dreher, M. (2002). Familienstatus und Ablösung. In: B. Rollett & H. Wernek (Hrsg.), *Klinische Entwicklungspsychologie der Familie* (S. 137-157). Göttingen: Hogrefe.

Elster, J. (1985). Sadder but wise? Rationality and the emotions. *Social Science Information, 24,* 375-406.

Erikson E. H. (1981). *Jugend und Krise.* Stuttgart: Klett-Verlag.

Erikson, E. H. (1984). *Kindheit und Gesellschaft.* Stuttgart: Klett-Cotta.

Erikson, E. H. (1998). *Identität und Lebenszyklus. Drei Aufsätze.* Frankfurt a. M.: Suhrkamp.

Erikson, E. H. (2002). *Der vollständige Lebenszyklus.* Frankfurt a. M.: Suhrkamp.

Faltermaier, T.; Mayring, P.; Saup, W. & Strehmel, P. (2002). *Entwicklungspsychologie des Erwachsenenalters.* Stuttgart: Kohlhammer.

Farrell, M. P. & Rosenberg, S. D. (1981). *Men at mid-life. Boston*: Anburn House.

Fend, H. (1991). *Identitätsentwicklung in der Adoleszenz. Lebensentwürfe, Selbstfindung und Weltaneignung in beruflichen, familiären und politisch-weltanschaulichen Bereichen. Entwicklungspsychologie der Adoleszenz in der Moderne.* Bern: Huber.

Fend, H. (1998). *Eltern und Freunde. Soziale Entwicklung im Jugendalter.* Bern: Huber.

Freud, S. (1894). Die Abwehr-Neuropsychosen, Versuch einer psychologischen Theorie. In: *Gesammelte Werke, Band I.*

Freud, S. (1915/1946). Die Verdrängung. In: *Gesammelte Werke, Band X.*

Frey, H.-P. & Haußer, K. (Hrsg.) (1987). *Identität. Entwicklungen psychologischer und soziologischer Forschung.* Stuttgart: Enke.

Fuhrer, U., Marx, A., Holländer, A. & Möbes, J. (2000). Selbstbildentwicklung in Kindheit und Jugend. In: W. Greve (Hrsg.), *Psychologie des Selbst* (S. 39-57). Weinheim: Psychologie Verlags Union.

Geissler, R. (1992). *Die Sozialstruktur Deutschlands. Ein Studienbuch zur sozialstrukturellen Entwicklung im geteilten und vereinten Deutschland.* Opladen: Westdeutscher Verlag.

Gilligan, C. (1984). *Die andere Stimme; Lebenskonflikte und Moral der Frau*. München: Piper.

Gould, R. L. (1979). *Lebensstufen. Entwicklung und Veränderung im Erwachsenenalter*. Frankfurt a. M.: Fischer.

Gudjons, H. (2003). *Pädagogisches Grundwissen*. Hamburg: Bergmann + Helbig Verlag.

Haußer, K. (1995). *Identitätspsychologie*. Berlin: Springer.

Havighurst, R. J. (1982). *Development tasks and education*. New York: Longman.

Higgins, E. T. (1987). Self-discrepancy: A theory relating self and affect. *Psychological Review, 94*, 319-340.

Higgins, E. T. (1991). Development of self-regulatory and self-evaluative processes. Cost, benefits, and tradeoffs. In: M. R. Gunnar & L. A. Sroufe (Eds.), *Self processes and development: The Minnesota Symposium on Child Development*, (Vol. 23, pp. 125-166). Hillsdale: NJ: Erlbaum.

James, W. (1890). *Principles of psychology,* Vol I. New York: Holt.

John, O. P., Caaspi, A., Robins, R. W., Moffitt, T. E. & Stouthamer-Loeber, M. (1994). The "Little Five": Exploring the five-factor model of personality in adolescent boys. *Child Development, 65*, 160-178.

Katz, P. A. (1979). The development of female identity. *Sex Roles, 5*, 155-178.

Keniston, K. (1965). *The uncommittes: Eliminated youth in American society*. New York: Harcourt & Brace.

Kimmel, D. C. & Weiner, J. B. (1985). *Adolescence, a developmental transition*. Hillsdale, NJ: Erlbaum.

Krahe, B. (1987). Attributionsstrategien und Idntitätsdynamik. In: H. P. Frey (Hrsg.) & K. Haußer (Hrsg.), *Identität. Entwicklungen psychologischer und soziologischer Forschung* (S. 151-162). Stuttgart: Enke.

Krampen, G. & Reichle, B. (2002). Frühes Erwachsenenalter. In: R. Oerter & L. Montada (Hrsg.), *Entwicklungspsychologie* (S. 319-349). Weinheim: Psychologie Verlags Union.

Krappmann, L. (2000). *Soziologische Dimensionen der Identität. Strukturelle Bedingungen für die Teilnahme an Interaktionsprozessen*. Stuttgart: Klett-Cotta.

Kron, F. (2001). *Grundwissen Pädagogik*. München: Reinhardt.

Kübler- Ross, E. (2001). *Interviews mit Sterbenden*. München: Droemer Knaur.

Levinson, D. J. (1979). *Das Leben des Mannes. Werdenskrisen, Wendepunkte, Entwicklungschancen*. Köln: Kiepenheuer & Witsch.

Levinson, D. J. (1980). Toward a conception of the adult life course. In: N. J. Smelser & E. H. Erikson (Eds.), *Themes of work an love in adulthood* (pp. 265-290). London: Grant McIntyre.

Lewin, K. (1963). *Feldtheorie in den Sozialwissenschaften*. Stuttgart/ Bern: Huber.

Lieberman, M. (1975). Adaptive processes in late life. In: N. Datan & L. Ginsberg (Eds.), *Life-span developmental psychology: Normative life crises* (pp. 135-159). New York: Academic Press

Marcia, J. E. (1966). Development and validation of ego-identity status. *Journal of Personality and Social Psychology, 3*, 551-558.

Marcia, J. E., Waterman, A. S., Matteson, D. R., Archer, S. L. & Orlofsky, J. L. (Eds.) (1993). *Ege identity. A handbook for Psychosocial Research*. New York: Springer.

Marsh, H. W., Craven, R. & Debus, R. (1998). Structure, stability, and development of young chidren's self-concepts: A multicohort-multioccasion study. *Child Development, 69*, 1030-1053.

McGuire, W. J., Padawer-Singer, A. (1976). Trait salience in the spontaneous self-concept. *Journal of Personality and Social Psychology, 33*, 743-753.

Merz, F. (1979). *Geschlechterunterschiede und ihre Entwicklung*. Göttingen: Hogrefe.

Milgram, S. (1993). *Das Milgram Experiment. Zur Gehorsamsbereitschaft gegenüber Autorität*. Reinbeck: Rowohlt.

Montada, L. (1990). Kritische Lebensereignisse im Brennpunkt: Eine Entwicklungsaufgabe für die Entwicklungspsychologie? In: S. H. Filipp (Hrsg.), *Kritische Lebensereignisse* (S. 272-292). München: Urban & Schwarzenberg.

Montada, L. (2002). Fragen, Konzepte, Perspektiven. In: R. Oerter & L. Montada (Hrsg.), *Entwicklungspsychologie* (S. 3-53). Weinheim: Psychologie Verlags Union.

Nicklas, H. (1994). Die Nation im Kopf. Zur Sozialpsychologie der Nationalität. In: A. Thomas (Hrsg.), *Psychologie und multikulturelle Gesellschaft. Problemanalysen und Problemlösungen* (S. 76-82). Verlag für Angewandte Psychologie: Göttingen.

Nunner-Winkler, G. (1987). Identitätskrise ohne Lösung: Wiederholungskrisen, Dauerkrisen. In: H. P. Frey & K. Haußer (Hrsg.), *Identität. Entwicklungen psychologischer und soziologischer Forschung* (S. 165-178). Stuttgart: Enke.

Nunner-Winkler, G. (1990). Jugend und Identität als pädagogisches Problem. *Zeitschrift für Pädagogik, 5*, 671-686.

Nunner-Winkler, G. (1999). Development of moral understanding and moral motivation. In: F. E. Weinert & W. Schneider (Eds.), *Individual development from 3 to 12: Findings from the Munich Longitudinal* Study (pp. 253-290). New York: Cambridge Univerity Press.

Nunner-Winkler, G. (2000). Identität aus soziologischer Sicht. In: W. Greve (Hrsg.), *Psychologie des Selbst* (S. 302-316). Weinheim: Psychologie Verlags Union.

Oerter, R.; Oerter, R. M. (1993). Zur Konzeption der Identität in östlichen und westlilchen Kulturen. Ergebnisse von kulturvergleichenden Untersuchungen zum Menschenbild junger Erwachsener. *Zeitschrift für Sozialisationsforschung und Erziehungssoziologie (ZSE), 13. Jg., Heft 4*, 296-310.

Oerter, R. (2002). Kindheit. In: R. Oerter & L. Montada (Hrsg.). *Entwicklungspsychologie* (S. 209-257). Weinheim: Psychologie Verlags Union.

Oerter, R. & Dreher, E. (2002). Jugendalter. In: R. Oerter & L. Montada (Hrsg.), *Entwicklungspsychologie* (S. 258-318). Weinheim: Psychologie Verlags Union.

Parfit, D. (1999). Personale Identität. In: M. Quante (Hrsg.), *Personale Identität* (S. 71-99). Paderborn, München, Wien, Zürich: Schöningh Verlag.

Peck, R. (1972). Psychologische Entwicklung in der zweiten Lebenshälfte. In: H. Thomae & U. Lehr (Hrsg.), *Altern – Probleme und Tatsachen* (S. 530-544). Frankfurt a. M.: Akademische Verlagsgesellschaft.

Perls, F. S., Hefferline, R. F. & Goodman, P. (1979). *Gestalttherapie. Wiederbelebung des Selbst.* Stuttgart: Klett-Cotta.

Pinquart, M. & Silbereisen, K. (2000). Das Selbst im Jugendalter. In: W. Greve (Hrsg.), *Psychologie des Selbst* (S. 75-96). Weinheim: Beltz.

Platta, H. (1998). *Identitätsideen-Ideen. Zur gesellschaftlichen Vernichtung unseres Selbstbewusstseins.* Gießen: Psychosozial-Verlag.

Reis, O. (1997). *Risiken und Ressourcen für die Persönlichkeitsentwicklung im Übergang zum Erwachsenenalter*. Weinheim: Psychologie Verlags Union.

Rilke, M. R. & Zinn, E. (Hrsg.) (1953). *Gedichte 1906 bis 1926. Sammlung der verstreuten und nachgelassenen Gedichte aus den mittleren und späteren Jahren.* Wiesbaden: Insel-Verlag.

Rosenthal, R. & Jacobsen, L. (1974). *Pygmalion im Unterricht. Lehrererwartungen und Intelligenzentwicklung der Schüler*. Weinheim: Beltz.

Sader, M. (1980). *Psychologie der Persönlichkeit.* München: Juventa.

Schopenhauer, A. (1851/1980). *Aphorismen zur Lebensweisheit.* Stuttgart: Reclam.

Schulz von Thun, F. (1981). *Miteinander reden: Störungen und Klärungen. Psychologie der zwischenmenschlichen Kommunikation.* Reinbek: Rowohlt.

Spitz, R. (1976). *Vom Säugling zum Kleinkind. Naturgeschichte der Mutter- Kind- Beziehung im ersten Lebensjahr*. Stuttgart: Klett-Cotta.

Staudinger, U. M. & Schindler, I. (2002). Produktives Leben im Alter I. In: R. Oerter & L. Montada (Hrsg.) (2002), *Entwicklungspsychologie* (S. 955-982). Weinheim: Psychologie Verlags Union.

Stern, D. (1992). *Die Lebenserfahrung des Säuglings*. Stuttgart: Klett-Cotta.

Swinburne, R. G. (1999). Personale Identität. In: M. Quante (Hrsg.), *Personale Identität* (S. 101-119). Paderborn, München, Wien, Zürich: Schöningh Verlag.

Tesch, S. A. (1985). Psychological development and subjective wellbeing in an age cross-section of adults. *International Journal of Aging & Human Development, 21*, 109-120.

Trautner, H. M. (1987). Geschlecht, Sozialisation und Identität. In: H. P. Frey & K. Haußer (Hrsg.), *Identität. Entwicklungen psychologischer und soziologischer Forschung* (S. 29-42). Stuttgart: Enke.

Trautner, H. M. (2002). Entwicklung der Geschlechtsidentität. In: R. Oerter & L. Montada (Hrsg.), *Entwicklungspsychologie* (S. 648-674). Weinheim: Psychologie Verlags Union.

Vaillant, G. E. (1980). *Werdegänge, Erkenntnisse der Lebenslaufforschung*. Reinbek bei Hamburg: Rowohlt.

Vischer, A. L. (1961). *Seelische Wandlungen beim alternden Menschen*. Basel: Schwabe.

Watson, J. B., Raynor, R. (1920). Conditioned emotional reaction. *Journal of Experimental Psychology, 3*, 1-14.

Watzlawick, P., Beavin, J. H. & Jackson, D. D. (1996). *Menschliche Kommunikation. Formen, Störungen, Paradoxien*. Bern: Verlag Hans Huber.

Weinert, F. E. & Geppert, U. (Hrsg.) (1996, 1998). *Genetisch orientierte Lebensspannstudie zur differenziellen Entwicklung (GOLD) Report Nr. 1: Planung der Studie, Report 2: Este Ergebnisse der Studie*. München: Max-Planck-Institut für Psychologische Forschung.

Whitbourne, S. K. (1987). Personality development in adulthood and old age: Relationships among identitystyle, health and well-being. *Annual Review of Gerontology and Geriatry, 7*, 189-216.

Whitbourne, S. K. & Weinstock, C. S. (1982). *Die mittlere Lebensspanne. Entwicklungspsychologie des Erwachsenenalters*. München: Urban & Schwarzenberg.

Whitbourne, S. K. & Weinstock, C. S. (1986). *Adult development*. New York: Praeger.

Wiggins, D. (1967). *Identity and Spatio-Temporal Continuity*. Oxford: Basil Blackwell.

***ibidem*-Verlag**
Melchiorstr. 15
D-70439 Stuttgart
info@ibidem-verlag.de

www.ibidem-verlag.de
www.ibidem.eu
www.edition-noema.de
www.autorenbetreuung.de

Zeitfracht Medien GmbH
Ferdinand-Jühlke-Straße 7
99095 Erfurt, Deutschland
produktsicherheit@kolibri360.de